INONDATIONS DE 1856.

VOYAGE

DE

L'EMPEREUR

PARIS. — IMPRIMERIE DE SIMON RAÇON ET COMP., RUE D'ERFURTH, 1.

INONDATIONS DE 1856

VOYAGE

DE

L'EMPEREUR

PAR

CHARLES ROBIN

Auteur de l'*Histoire de la Révolution de* 1848; de la *Galerie des Gens de Lettres au dix-neuvième siècle.*
de l'*Histoire de l'Exposition universelle*, etc.

PARIS
GARNIER FRÈRES, LIBRAIRES-ÉDITEURS
RUE DES SAINTS-PÈRES, 6, ET PALAIS-ROYAL, 215.

1856

VOYAGE

DE

L'EMPEREUR

CHAPITRE PREMIER

1856

16 Mars. — 27 Avril. — 30 Mai. — 14 Juin.

La paix!... ce mot magique, jeté aux nations frémissantes encore, avait tout transformé;

Et la crainte avait disparu, et les mères anxieuses avaient bien vite essuyé des larmes amères;

Et l'espérance ramenait dans les plis de son manteau les vertus, un moment oubliées, des nations pacifiques;

Et l'ouvrier reprenait avec un nouveau courage son labeur de chaque jour; le soldat songeait avec joie aux longues soirées passées devant le foyer paternel, aux rudes travaux des champs un moment abandonnés pour les chances glorieuses des combats.

La paix!... et chacun, s'animant à l'allégresse commune, jetait un regard assuré sur l'avenir.

Les promesses étaient en effet si belles!.. Si violents étaient les désirs de voir se terminer ces épreuves formidables qui coûtaient tant d'enfants à la mère patrie!

Chacun se plaisait dans la contemplation des tableaux animés que ne venaient plus obscurcir les inquiétudes du présent; chacun, cédant au courant irrésistible de l'opinion, n'avait que des paroles d'admiration et de reconnaissance pour ce peuple de frères, ce peuple dévoué, infatigable, qu'on nomme l'armée.

On jetait à tous les vents des vivat joyeux; toutes les bouches souriaient d'un même sourire; tous les cœurs battaient d'un même espoir; toutes les mains tressaient les mêmes couronnes.

Et songez donc! Plus de larmes; plus de mères en deuil; plus de sœurs affligées; plus de haines; plus de divisions; plus d'anxiétés; plus de tortures; mais de la joie, de la joie pour tous, et du travail, et du bien-être! Plus de ces affreuses nouvelles qui transformaient un malheur privé en une douleur publique; et toutes les poitrines, allégées d'un même poids, aspiraient avec volupté l'air pur où ne venaient plus se mêler les odeurs irritantes de la poudre.

De toutes les cités, de tous les bourgs, de tous les villages, s'élevaient des cris de reconnaissance et d'amour. Et les villes se pavoisaient; et les pavillons flottaient joyeux aux brises allègres. Leurs plis ne renfermaient plus la guerre et ses horreurs; leurs couleurs ne devaient plus être ternies, leurs soies déchirées, leurs hampes brisées dans les combats, dans les mêlées meurtrières, les rencontres funestes!

Non! l'on respirait enfin après de si longues et de si cruelles angoisses. Toutes les voix s'unissaient dans un concert de louanges, dans un cantique d'actions de grâces.

Et le travail, le travail béni, venait apporter son contingent de joies fécondes à l'ivresse universelle. Tous les regards se tournaient vers un même horizon. On voyait clair enfin dans l'avenir, et l'on se sentait frémir encore au souvenir des dangers courus et des écueils évités. Les idées utiles, les grandes pensées, suivaient leur courant naturel, et la grande voie du progrès, débarrassée des obstacles qui venaient la couper, s'ouvrait enfin, dans son immensité, aux efforts puissants des novateurs.

L'industrie réunissait toutes ses forces; l'art préparait tous ses enchantements, toutes ses merveilles; les grands travaux, qui font la France si fière et si riche, surgissaient de tous côtés. L'impulsion était donnée, et déjà de gigantesques entreprises promettaient au peuple reposé un travail constant, un constant bien-être.

Et cette fête touchante du retour parmi nous des héros de la Crimée, montrant la France tout entière applaudissant au courage éprouvé de ses enfants! Ces armes meurtrières couronnées de feuillages; ces canons fleuris, ces formidables machines de guerre faisant un cortége triomphal à la paix si glorieusement obtenue! Le souvenir de ce grand acte de justice n'est-il pas présent à toutes les mémoires, et les sentiments qu'il a fait naître ont-ils pu s'effacer des cœurs? Non! non! ce sont de ces choses qu'on n'oublie jamais et qui figurent avec honneur dans les éphémérides d'une nation.

Puis, comme si la Providence avait voulu combler tous les souhaits de l'homme dont notre félicité était l'ouvrage, un enfant était né dans Paris, et le canon avait appris au peuple assemblé qu'un Fils de France venait de voir le jour.

Ainsi tout se réunissait pour assurer les destinées du pays; tout se réunissait pour assurer l'avenir, pour éloigner de la France tous les malheurs et toutes les inquiétudes.

Partout le travail et bientôt le bien-être; sur tous les points, la confiance jetait son engrais fécondant, et, de toutes parts, on voyait poindre des germes vigoureux, gages assurés d'une moisson prochaine.

La nation venait de subir les rigoureuses atteintes de l'hiver, et, dans l'horizon éclairci, se montraient déjà les lueurs ardentes de l'aube printanière.

Sur tous les points se hâtait le travail diligent et industrieux. L'année avait presque vu s'achever cette merveille architecturale qu'on nomme le Louvre. Les grandes voies, larges, aérées, peuplées de maisons luxueuses, étendaient leur énorme superficie au centre des quartiers infects, pestilentiels, meurtriers, désormais effacés. Des projets grandioses allaient être mis à exécution: de grandes idées se préparaient à passer de l'état de rêve à l'état de fait accompli. L'argent, ce tyran de toutes les situations, devenait bonhomme et aide complaisant! A l'appel de l'industrie courageuse, il répondait hardiment et sans se faire prier. Bien plus, il venait solliciter de lui-même qu'on l'employât, qu'on élevât avec son concours ces grands établissements qui font l'honneur et la puissance d'un pays.

Enfin, une ère de prospérité, de paix, de calme, de bonheur, semblait luire sur le pays. Et tout cela était le résultat du labeur d'un homme, de son génie, de sa persévérance, de son application à faire le bien, à prévenir le mal, à veiller pour tous et sur tous.

La France lui devait tant, en effet, qu'elle semblait attendre avec une impatience anxieuse l'occasion de lui prouver tout son amour. Une circonstance allait se présenter, qui devait lui permettre d'acquitter enfin la dette étendue de sa reconnaissance. L'eau sainte allait ruisseler sur le front précieux de son fils, ce jeune enfant, qui était comme un gage de paix et d'avenir.

Et la France comptait sur ce jour. Elle voulait que tout son peuple assemblé fît connaître ses sentiments et que des foules immenses sortît un long cri de reconnaissance et d'amour.

N'était-ce pas là un jour mille fois heureux pour ce père, pour ce souverain, dont les préoccupations sans cesse renaissantes n'avaient pour but unique que la grandeur, la gloire et la félicité du pays ?

En moins de cinq années, il avait, en effet, triomphé des partis, divisé leurs efforts, vaincu leur résistance. Il avait doté le pays d'immenses richesses et paré nos villes de mille précieuses beautés. Il avait appelé à son aide les hommes de bonne volonté, et tous s'étaient empressés d'accourir. Enfin, dernier service rendu, dernier bonheur pour lui, il avait effacé par sa politique vigoureuse, digne, honorable, les fâcheuses impressions laissées dans le monde entier par la marche tortueuse, embarrassée, des cabinets parlementaires du dernier règne. Il avait relevé la France dans l'estime du monde, et sa volonté l'avait placée si haut, que chacun pensait avec Shakspeare : « La France est le soldat de Dieu ! »

Ainsi tout malheur semblait éloigné, toute crainte disparue !

Tout à coup, et tandis que chacun se livrait à la joie, tandis que la chanson joyeuse, la chanson de l'espérance, courait sur toutes les lèvres, de sourdes rumeurs circulent : des nuages grisâtres courent sur le fond bleu du ciel, des paroles sinistres retentissent. Un malaise général se fait sentir, et ces angoisses inconnues qui précèdent les grands malheurs, ces pressentiments effrayants, qui sont les avant-coureurs des fléaux, pèsent d'un poids bien lourd sur le cœur de la nation.

Cependant on attend, on espère, on exhorte les faibles, on cherche à détruire les appréhensions; on se refuse à croire de tristes prophéties. Puis, enfin, la voix éclatante et cruelle de la réalité vient retentir au cœur de tous. Le doute n'est plus permis, le malheur est là; il nous frappe de ses coups impitoyables; une morne stupeur fait place aux joies évanouies. La France entière suit avec une secrète frayeur les progrès constants, hélas! du fléau envahisseur. Elle suppute chaque jour combien ont déjà succombé dans cette lutte terrible que l'élément destructeur livre à l'homme. Des récits lamentables sont répandus, des nouvelles sinistres glacent les plus fermes courages; il y a comme un moment d'abattement; le découragement gagne chacun, puis le désespoir éclate enfin, et, d'un bout de la France à l'autre, retentit ce cri funeste : Les inondations!

Les villes ravagées, les moissons détruites, les espoirs les plus légitimes déçus, les fortunes les mieux établies compromises. Le fléau atteint tout, renverse tout sur sa route. Le centre et le midi de la France ont à souffrir ces cruelles épreuves. Le riche et le pauvre, le champ modeste et la grande exploitation, l'usine et la chaumière, le château et la ferme, payent un redoutable tribut à l'élément déchaîné. Ce ne sont que cris et que gémissements! L'effroi a séché les larmes; l'épouvante a glacé les cœurs; les biens périssent, les hommes meurent : soudain devant ce désastre immense, les plus braves s'émeuvent et chacun s'apprête à faire face au danger.

La France, la France tout entière a frémi. De tous les cœurs sont sortis les mêmes désirs, les mêmes vœux, les mêmes ardeurs. Un écho sympathique a répondu aux cris de détresse de la population affligée par le plus terrible des fléaux. De tous côtés, chacun s'empresse; de toutes parts, on vole au secours des malheureux si cruellement éprouvés. C'est un grand, c'est un beau spectacle. Le dévouement brûle dans toutes les âmes et surexcite tous les esprits; on s'ingénie à faire vite, à faire bien. Les actes généreux se succèdent sans relâche, les résolutions énergiques sont prises à l'instant, sans faiblesse, sans calculs. Chacun apporte son tribut, son offrande, son secours. C'est une levée en masse, un concours général. L'artisan, l'ouvrier, le noble, le riche, le négociant, l'artiste, le soldat, rivalisent de zèle, et d'empressement, et de soins. On s'impose de dures privations, on compte avec soi-même, avec ses caprices, voire avec ses besoins; on n'a qu'un but, qu'un désir, qu'un espoir : arriver en temps utile, devancer, si faire se peut, les inexorables délais de la fatalité. Si longues en effet sont les heures pour ceux qui souffrent! Donner vite, c'est donner deux fois! Et toutes les intelligences sont en jeu, et toutes les bourses s'ouvrent. Depuis la tirelire de l'ouvrière jusqu'à la caisse du banquier, toutes les ressources viennent se mettre au service de l'infortune.

Ils souffrent, se dit-on; l'eau envahit leur demeure et dérobe à celui-ci son pain de chaque jour, à celui-là son champ ou son pécule laborieusement et sagement amassé! Des biens plus précieux encore s'évanouissent et disparaissent! Que d'orphelins et de mères en deuil! Oui! on a vu des cadavres flotter sur les eaux courroucées, sur les flots mugissants des rivières débordées. »

> Oh! la parole expire où commence le cri!
> Silence aux mots humains...

Et à toutes ces douleurs, à tous ces désespoirs, la France a répondu comme elle sait répondre quand une grande calamité fond sur elle, avec énergie, avec courage.

Elle s'est dressée calme, vigoureuse, résolue! Elle a accepté, sinon la lutte, du moins l'effort. Elle s'est précipitée sans compter au-devant de toutes ces infortunes. Aux pertes qui ne se peuvent réparer, à la mère demeurée seule, elle a donné des larmes de sympathie et de regrets, à tous les autres elle a prodigué ses richesses. Elle promet son concours, elle donne son appui!

N'est-ce pas un grand, un magnanime spectacle, que celui d'une nation se levant dans sa force et dans sa puissance pour parer aux malheurs qui affligent une partie des siens? N'est-ce pas là une grande leçon donnée au monde, une grande application de la loi familiale de la solidarité?

Tout ce qui est grand est simple; tout ce qui est

1.

vrai, possède une force si incontestable, les grands sentiments trouvent un si facile accès dans tous les cœurs, qu'on ne peut s'étonner de cet élan général, de cette communion dans le malheur, de cet enthousiasme de la charité.

Ce n'est pas seulement la France qui a répondu à l'appel suprême de ses enfants menacés par le terrible fléau ; ce n'est pas seulement elle qui a tressailli d'épouvante aux cris de détresse poussés par les populations. Le monde entier s'est ému de cette grande affliction, de ce malheur subit. L'Europe déjà s'est associée à notre douleur comme elle s'est unie à nos sympathies !

L'Angleterre, l'Allemagne, l'Italie, la Turquie, la Belgique, viennent au secours de nos misères et tendent une main secourable à la grande nation si rudement éprouvée.

Et du reste, l'exemple n'avait-il pas été noblement et courageusement donné?

Semblables à ces éclairs blafards, précurseurs redoutés des grands cataclysmes, de sourdes rumeurs étaient répandues; et Paris cependant ne prêtait qu'une attention distraite à ces plaintes assourdies, à ces cris d'angoisse étouffés par la distance.

Et voilà qu'à peine quelques heures se sont écoulées, et la feuille officielle offre aux regards éblouis, mais non surpris, cette étonnante nouvelle : « L'Empereur est parti pour les départements du Midi ! »

Alors tout s'émeut, tous s'inquiètent ; on mesure

justement la grandeur du péril sur la grandeur de l'acte. L'effroi succède à la placidité; mais ce premier sentiment n'existe qu'un instant, la raison l'a bien vite devancé. Ce départ subit, cette résolution sitôt prise, ouvrent les yeux à tous; alors, alors seulement on envisage toute la grandeur du péril, puisque l'Empereur le premier a couru vers le danger. Tous les cœurs, tous les vœux le suivent dans son courageux pèlerinage; et la France, électrisée par ce grand dévouement, par cette abnégation de son chef, s'élance sur les traces du souverain et veut prendre sa part de la gloire qu'il acquiert.

Et lui, cependant, il poursuit sa route, calme, résolu, résigné à toutes les douleurs! Il relève les âmes abattues, il amène avec lui l'espérance et stimule le dévouement. Sa main répand l'or sans compter; il s'expose à tous les dangers, il veut tout voir et porter partout une parole de consolation, une promesse ou un secours. Sur son passage, il sème les bienfaits et recueille l'amour; il guide partout l'autorité et ranime les forces abattues; au moment précis il sait donner l'exemple; il juge d'un coup d'œil où le péril est le plus grand, où se doivent porter les forces réunies du peuple, fasciné par sa présence. Il imprime partout cet élan irrésistible qui brise les obstacles et se joue des difficultés; on le suit à l'envi dans la voie où il s'engage, et sa présence fait naître les plus hardis dévouements, les plus courageuses abnégations, digne cortége d'un grand souverain!

Si le cœur de l'Empereur ne s'était pas profondément ému à la vue de tant de souffrances, si son âme n'avait pas souffert au récit de tant de douleurs, si enfin un sentiment puissant ne l'avait pas entraîné vers les malheureux si fatalement éprouvés, on pourrait songer à féliciter l'administrateur habile. Mais qui donc, dans cette extrémité funeste, quand toute une population voyait ses foyers éteints, la misère et la ruine accourir à grands pas, la mort la plus affreuse la menacer, qui donc oserait faire planer sur cet effrayant tableau l'image criminelle du calcul? Personne assurément. L'Empereur a obéi aux instincts secrets de son cœur. Il est le premier entre le peuple, et quand bien même son nom ne l'eût pas appelé au danger, quand bien même son rang élevé ne lui eût pas fait un devoir du dévouement et de l'abnégation, il eût agi comme il l'a fait; car ce qui touche la France l'atteint profondément; et tout ce qui blesse l'honneur ou les intérêts du pays trouve en lui un ardent adversaire.

L'histoire enregistrera ce grand acte pour lequel chacun n'a que de l'admiration; l'histoire dira qu'à aucun temps, qu'à aucune époque, un souverain français n'a su mieux comprendre le véritable esprit de la nation.

Napoléon III, qui se souvient toujours de son origine, s'est rappelé qu'acclamé par le peuple, il était et devait en être le soutien, le secours, la providence. Il s'est rapproché avec autorité, avec noblesse, de son point de départ; il a été tendre une main secourable à ceux qui avaient mis en lui toute leur confiance.

Ce grand exemple que vient de donner l'Empereur est sans précédent dans nos annales. Jamais un souverain n'a offert un gage aussi prompt, aussi éclatant, de sa sollicitude pour le pays.

Les peuples n'oublient rien! Ils conservent au fond du cœur le souvenir des preuves d'indifférence ou d'amour qui leur sont données; s'ils semblent ne se point souvenir des premières, ils se rappellent les secondes au moment voulu, et leur affection éclate alors en démonstrations suffisantes à la gloire d'un règne.

Ce que le peuple aime surtout, c'est l'individualité, l'initiative! La spontanéité de la pensée le pénètre et le séduit. Il est facilement entraîné, il sait qui le guide, il aime qui le précède; il abhorre l'inertie, il apprécie les actes vigoureux, et, pour le convaincre et l'attacher, il suffit de se montrer convaincu, de lui montrer hautement qu'on l'aime. Ce que le peuple demande, ce sont moins des paroles que des actes.

L'Empereur a répondu dignement à ces instincts si vivaces de la multitude! et sa conduite si grande, si généreuse, si noble, lui a valu les sympathies de tous et l'affection de ceux-là mêmes que des antécédents politiques éloignaient de lui.

Le voyage de l'Empereur a une haute signification et une grande portée. Il montre bien l'union intime de la nation et du souverain qu'elle s'est librement choisi; il assure à Napoléon III le dévouement de tous, et détruit dès aujourd'hui jusqu'à la dernière trace des partis désorganisés.

C'est parce que nous sommes convaincu de ces derniers faits que nous avons voulu être l'historiographe du grand malheur qui vient de frapper la France, et de l'acte mémorable qui en a été la suite.

Nous ne pouvons mieux faire, pour donner à tous une idée de la façon dont l'Empereur a été accueilli par les populations du Midi, que de reproduire la lettre suivante, écrite de Tarascon, le 4 juin, par M. Adolphe Dumas, sous la pression des événements.

« Les journaux de Paris dans trois jours, et l'histoire de France dans des siècles, raconteront le voyage que l'Empereur vient d'accomplir au milieu des désastres de la Provence, et l'admiration étonnée des Provençaux pour un aussi grand caractère et un aussi grand cœur.

« Je suis témoin oculaire de tout cet enthousiasme, qui veille sur les portes des maisons une partie de la nuit pour s'entretenir de cette apparition, comme d'une légende. En attendant un récit plus long, permettez-moi d'attester ce qu'on dit, ce que j'entends et ce que je vois.

« Je le dois à mes chers et malheureux compatriotes d'Avignon, de Tarascon et d'Arles, qui ont besoin d'une voix pour dire à l'Empereur leur reconnaissance, qui va jusqu'à l'exaltation la plus extraordinaire.

« Vous savez nos malheurs, si vous n'en savez pas encore le nombre. L'Empereur a quitté les Tuileries, à ce qu'il paraît, dimanche matin, avec un frac militaire, un sabre au ceinturon, un képi d'officier, et sa suite, composée de six personnes. Voilà le grand monarque qui vient de faire la guerre d'Orient et la paix religieuse et politique du monde.

« L'Empereur est, à Paris, Napoléon III, la tête des conseils de l'Europe, tout le monde l'a vu à l'œuvre.

« Mais nous ne l'avons pas vu, comme à Lyon, à cheval et dans l'eau jusqu'à la ceinture, donnant la main pleine d'affection et pleine d'or à des femmes et à des enfants bloqués dans leurs maisons, et qui lui tendent la main des fenêtres.

« Nous ne l'avons pas vu, comme à Avignon, dans une barque, avec Monseigneur, le maire et un rameur, pour ne pas trop charger l'embarcation, parcourant les rues les plus petites, les plus populeuses et les plus pauvres, et dirigeant lui-même les distributions et le sauvetage.

« Nous ne l'avons pas vu, comme à Tarascon, et dans la campagne submergée, au milieu d'un bivac de paysans réfugiés avec leurs familles au pied des Alpines, vidant ses poches et ses mains, à côté de la marmite de ces braves cultivateurs, hier riches fermiers, et ce matin à l'état de bohémiens.

« Quand il est arrivé là, devant cette nappe d'eau qui s'étend jusqu'à Arles, et devant cette belle vallée de Tarascon dont il ne voyait plus que la cime des arbres, il n'a pas dit un seul mot, tant il était consterné. « Il a joint les deux mains, me dit une bonne « femme, et il a fait : O mon Dieu ! »

« Il était encore séparé de Tarascon par une lieue d'eau, de mûriers à fleur d'eau, de granges ruinées, et qui apparaissaient à la surface comme autant d'écueils ; il a sauté (c'est le mot) dans un batelet comme un soldat de marine, et ne voulait que le batelier. Six hommes des cent-gardes étaient à terre et voulaient le suivre; l'Empereur a levé la main et montré trois doigts ouverts ; ce qui voulait dire qu'il n'y avait de place que pour trois. C'est ainsi qu'est parti l'Empereur au secours de Tarascon et d'Arles, à travers les courants d'eau et une forêt d'arbres.

« Ce matin mercredi, on l'attendait à son retour au même endroit. Le même batelet l'a ramené, et cette fois le batelier l'a chargé sur ses épaules, comme il eût fait de son fils ou de son père, et l'a porté ainsi, passant dans l'eau et la terre détrempée, jusque sur le chemin de fer, aux cris de joie de toute une population qui admirait un dévouement qui va jusque-là.

« Vous saurez ce qui se sera passé à son retour à Avignon et à Lyon; je l'ignore. Mais ce que je puis affirmer, c'est que l'Empereur vient de faire avec le Midi un grand pacte d'affection et d'amour, et je le signe comme témoin. Ce n'est pas moi qui vous l'écris, c'est toute la Provence enthousiasmée, et je suis bien heureux d'être son historiographe. »

CHAPITRE II

Historique des inondations. — Leurs causes, leurs effets. — Moyens d'en empêcher le retour.

Ce n'est malheureusement pas d'aujourd'hui que la France souffre des inondations et des débordements causés par la crue subite des grands cours d'eau qui l'arrosent. Aussi doit-on s'étonner qu'en face de désastres si souvent répétés, on n'ait pas encore songé sérieusement à en prévenir à jamais le retour, puisqu'il demeure suffisamment prouvé que tous les moyens employés jusqu'à présent, loin d'empêcher le mal, y ont quelquefois aidé.

A cette longue inertie, il est impossible de trouver aucune excuse. Les faits ont par eux-mêmes un trop grand intérêt, et l'expérience date de trop loin, pour qu'on puisse se l'expliquer.

Nous pourrions citer un grand nombre d'inondations ou de débordements qui tour à tour vinrent ravager différentes parties de la France, et qui auraient dû ouvrir les yeux aux gouvernements qui se sont succédé.

Le 23 juin 1426, à Paris, la Seine déborda si subitement, qu'elle vint éteindre le feu de Saint-Jean, qui était allumé le soir sur la place de Grève, et cette inondation dura quarante jours. — Le 8 juin 1427, ses eaux s'élevèrent à une hauteur telle, qu'elles couvrirent la sixième marche de la croix de la Grève; les îles Saint-Louis et Louviers furent submergées, et quelques maisons du bord de la Seine envahies jusqu'au premier étage.

La Loire, qui a un parcours de 1,040 kilomètres, et qui reçoit plus de cent rivières, est capricieuse et sujette à de nombreux débordements. Dans une longueur de plus de 700 kilomètres, le lit de ce fleuve est maintenu par des levées ou digues artificielles qui ont pour but de préserver le Val, ses habitants et leurs récoltes. Souvent les crues sont occasionnées par la fonte des neiges des montagnes du Forez et de l'Auvergne. On voit dans le pignon de l'église Saint-Mesmin, près d'Orléans, une pierre derrière la porte, à main gauche en entrant, sur laquelle se lit :

> L'an mil cinq cent soixante sept,
> Du mois de mai le dix-sept,
> En cette place et endroit,
> Se trouvèrent Loire et Loiret.

A la suite d'un mandement que publia l'archevêque de Paris pour le soulagement des familles ruinées par le débordement de la Loire du 28 mai 1733, on trouve un mémoire plein de détails navrants sur l'inondation de vingt et une paroisses d'Orléans et des environs. La crue était de sept mètres et comprenait treize lieues de longueur sur une de largeur ; quantité de maisons furent détruites, des bestiaux noyés et des ponts emportés. La ville de Tours fut elle-même en partie submergée ; il y avait dans l'église Saint-Martin huit pieds d'eau, et, dans la cathédrale, elle montait jusqu'à la hauteur du maître-autel.

L'Eure, cette rivière généralement si paisible, a aussi eu ses moments de fureur, par suite de fontes de neiges, d'orages ou pluies torrentielles. Les chroniques font mention de deux débordements qui arrivèrent à Chartres, en 1342 et 1345, et firent d'immenses dégâts. Le 24 février 1665, le débordement de l'Eure, causé par les neiges fondues, fut si grand dans la ville, que le cloître et l'abbaye de Saint-Père furent noyés à la hauteur de trois à quatre pieds; la perte que cette crue causa à Chartres fut estimée à quarante mille livres, et celle de Chartres à Nogent-le-Roi un million. Il y eut encore à Chartres, le 24 mai 1366, une autre inondation; les historiens modernes ont omis de donner des détails à ce sujet, mais le récit en est consigné dans le manuscrit de Duparc, fol. 128, et dans l'histoire de l'abbaye de Saint-Père, de dom Aubert, page 316. (*Manuscrits de la Bibliothèque de Chartres.*)

« Peu s'en fallut que la moitié de leur ville et ce

qui estoit en la vallée ne feust du tout perri et submergé par le desbord de ladite rivière, qui ravagea tous les champs et maisons qui bornoient son cours hors et auprès la ville, ce que j'ay trouvé escript dedans un vieil livre de l'abbaye de Saint-Père de Chartres, où ce desbord est amplement descript et les ruynes qu'il feist de plusieurs maisons de ladite ville proche de la rivière, voire jusqu'à celles qui estoient assez loing, attaquant toute la vallée des deux costez de la rivière avec un ravage si impétueux, ainsy qu'il est escript audict livre, que plusieurs maisons furent enlevées et traisnées jusqu'à plus d'une lieue loin de la ville, sur lequel desbord furent faits de vieux vers françois à la mode du temps d'alors, qui sont escriptz audict livre. »

Nous ne citerons pas ces vieux vers français à la mode du temps d'alors; ils ne nous apprendraient rien de nouveau. Arrivons aux débordements du Rhône et de la Saône, qui, trop souvent, hélas! couvrirent tout le territoire de Lyon.

Il nous faut remonter de douze siècles pour trouver la date de la première inondation qui vint ravager cette malheureuse ville. C'était dans l'automne de 580; des pluies considérables firent grossir le Rhône et la Saône, qui se joignirent au-dessus de Saint-Nizier, et, ne rencontrant sur leur passage aucun obstacle capable d'arrêter leur course désordonnée, brisèrent les murailles de la ville et se répandirent avec impétuosité par toutes les rues. En 1196, deux mois de pluies continuelles amenèrent le même résultat, qui se reproduisit encore en 1408, 1476, 1501 et 1570. Mais cette dernière inondation fut plus terrible que toutes celles qui l'avaient précédée. L'eau arriva à l'improviste, à onze heures du soir, le 2 septembre, et couvrit toute la ville d'une nappe liquide ; les habitants, surpris dans leur sommeil, eurent à peine le temps de se sauver, en abandonnant à la fureur du torrent leurs habitations et tout ce qu'elles contenaient. On comprend aisément que les pertes furent immenses.

Deux ans plus tard, en 1572, nouvelle inondation produite par une cause différente. Le Rhône et la Saône gelèrent, et, quand arriva le dégel, la débâcle fut terrible : les deux rivières inondèrent la ville. En 1602, la Saône déborde et sa crue dure neuf jours consécutifs ; heureusement, cette année-là, le Rhône ne grossit pas. En 1608, comme en 1572, le dégel amène encore une inondation. En 1711, au mois de février, à la suite de longues pluies, il souffla tout à coup un vent chaud qui fit fondre les neiges, et du haut des montagnes les précipita dans les vallées qu'elles couvrirent entièrement. En 1756, le Rhône et la Saône eurent encore ensemble une crue démesurée et brisèrent les digues qu'on avait essayé de leur opposer, emportèrent les ponts et firent d'affreux ravages. Enfin les années 1767, 1783, 1789, 1801, 1803, 1812, 1820 et 1825 eurent aussi leurs inondations, causées, tantôt par la fonte des neiges ou par des pluies torrentielles, qui augmentaient la crue de la Saône ou du Rhône, quelquefois des deux fleuves ensemble.

Comme on le voit par les dates que nous avons citées, à mesure que nous avançons, les inondations deviennent de plus en plus fréquentes ; il ne s'écoule pas dix ans sans qu'un nouvel avertissement arrive aux habitants de Lyon.

Enfin, nous touchons à l'année 1840 ; c'est le 28 octobre qu'eut lieu le débordement du Rhône. Toute la journée le vent avait soufflé du nord, et, bien que le fleuve fût déjà assez élevé, on espérait qu'il n'y aurait que peu de dégâts, lorsque, tout à coup, le vent tourne brusquement au midi et amène une pluie qui tombe sans cesser durant trente-six heures. A cette calamité vient s'en joindre une autre : les neiges alpines, fondues sous un vent chaud et sous la pluie qui les lave, se précipitent du haut des montagnes et grossissent sur leur passage toutes les petites rivières qui y prennent leur source ; le moindre ruisseau devient un torrent, le plus mince filet d'eau une rivière. Des affluents, qui n'avaient jamais débordé, sortent de leur lit et portent partout la désolation. L'Arve, démesurément grossie, traverse la Savoie, et, ainsi que la Valserine et l'Ain, vient augmenter le Rhône, prêt à déborder. Par surcroît de malheur, la principale digue, la digue de la Tête-d'Or, destinée à préserver les Charpennes, Villeurbanne, les Brotteaux et la Guillotière, est détruite pendant la nuit par des malfaiteurs inconnus, et le Rhône, que rien ne retient plus, s'élance par la brèche et inonde les vallées. Bientôt la Saône continue les ravages commencés par le Rhône. Les neiges des Vosges et du Jura descendent avec rapidité; de longues pluies torrentielles ont lieu en même temps dans la Franche-Comté et la Bourgogne, immense bassin dont le peu de pente ne permet aux eaux de s'écouler qu'avec lenteur. L'inondation prend des proportions considérables, et ses ravages surpassent tout ce qu'on a jusqu'alors éprouvé.

Après cette date funeste de 1840, il nous en reste encore une autre, non moins funeste, à transcrire, c'est celle de 1846. Inutile de rappeler les faits, tout le monde les a encore présents à la mémoire; disons seulement qu'à la suite de ces affreux désastres on commença à s'occuper un peu d'en prévenir le retour et que l'on fit des études sérieuses à ce sujet.

Quel a été le résultat de ces études? A-t-on atteint le but que l'on devait se proposer? Ne reste-t-il plus rien à faire désormais? Hélas! nous sommes forcés de l'avouer et les événements actuels viennent malheureusement corroborer notre opinion : tout ce qu'on a fait jusqu'à présent n'a servi à rien. Les recherches faites par les savants sont restées sans résultat, et nous ne sommes guère plus avancés qu'aux inondations précédentes. Il serait temps cependant de songer à remédier au mal, à le prévenir surtout. Et, pour cela, que faut-il? Rechercher les causes qui l'amènent et combattre d'abord ces causes. On aura beau construire des digues puissantes dans le lit des grands fleuves, il arrivera toujours tôt ou tard un moment où ces digues, quelque fortes qu'elles soient, céderont à la violence des eaux, et, alors, on aura travaillé en pure perte ; le but sera complétement manqué. Non que notre intention soit de blâmer, de parti pris, le système actuel d'endiguement; mais, nous le répétons, nous trouvons ce moyen insuffisant, en cela qu'il ne s'attaque pas immédiatement aux causes productrices du mal.

Ces causes, on s'est déjà occupé de puis longtemps de les rechercher. Ainsi, à la suite des débordements de la Loire, en 1707, 1709, 1710 et 1711, la municipalité d'Orléans se mit en rapport avec toutes les municipalités du littoral de ce fleuve, et, lorsqu'après de sérieux travaux elle crut avoir trouvé la source du mal, elle en fit la base d'un mémoire qu'elle adressa au roi et qui fut renvoyé au contrôleur général des finances. Ce mémoire, tiré des archives orléanaises, est ainsi conçu :

« La plaine du Forez a douze lieues de longueur et deux, trois, quatre et cinq lieues de largeur. Elle est le dépôt de toutes les eaux de la Loire qui viennent depuis sa source entre les montagnes jusqu'à Saint-Rambert. Celles des montagnes du Forez, dont elle est entourée, y tombent également; et neuf rivières, entre lesquelles est le nommé Lignon, y affluent; ces neuf rivières tirent leurs eaux des plus éloignées montagnes. Dans les grandes crues, cette plaine devient pour ainsi dire une mer. La nature avait pourvu à la conservation des pays situés depuis Roanne jusqu'à Nantes.

« Cette prodigieuse quantité d'eaux ramassées dans la plaine du Forez y était ci-devant retenue comme dans un étang et n'en coulait que peu à peu et successivement, entre les montagnes dans lesquelles passe la rivière de Loire, à l'extrémité de ladite plaine. Elle était resserrée entre ces montagnes, qui ont cinq à six lieues de longueur; elle ne coulait que difficilement entre les rochers qui servaient de digues et était retardée par plusieurs écluses ou retenues qui servaient à conduire l'eau aux moulins situés sur ce canal.

« Il passe présentement plus d'eau en vingt-quatre heures qu'il n'en passait en trois jours, en moins de temps avec plus de rapidité.

« Il est à remarquer que les ouvrages faits pour la nouvelle navigation ont été finis en 1706; les fréquents débordements de la Loire ont commencé en 1707 et continué quatre fois consécutives jusqu'au mois de novembre dernier. Homme vivant n'avait jamais vu de pareils débordements avant l'année 1707. Dans la plaine du Forez et dans les montagnes, on a remarqué plusieurs fois des crues aussi considérables que celles survenues depuis l'année 1707, sans qu'au-dessous de Roanne jusqu'à Nantes elles aient fait les ravages qui se voient depuis trois ans.

« Depuis l'année 1707, la Loire, dans ses débordements, tombe dans l'Allier, dans le temps même que cette rivière est le plus enflée. Avant l'année 1707, la crue de la Loire succédait à celle de l'Allier et ne tombait au Bec-d'Allier que trois ou quatre jours après que les grandes eaux de cette rivière s'étaient écoulées.

« De tout ce que dessus, il paraît évident que les ouvertures qu'on a faites dans les montagnes du Forez, pour l'établissement d'une nouvelle navigation, sont la cause des fréquents débordements de la Loire depuis l'année 1707.

« On peut réparer ce mal en faisant les digues qui ont été proposées, sans interrompre ni détruire la nouvelle navigation qui a été faite. »

Il y avait du bon dans ce mémoire; cependant on se garda bien de le mettre à profit, et il fut relégué dans les cartons. Plus tard, — le mal ramène toujours avec lui l'idée du remède, — on songea de nouveau à approfondir les causes déterminantes des inondations. Des hommes sérieux et dévoués se livrèrent à l'étude de cette grave question, et, sur les principaux points, ils tombèrent unanimement d'accord.

Nous savons déjà que la crue subite d'une rivière perpendiculaire à un fleuve peut suspendre momentanément le cours de ce dernier et donner aux eaux supérieures une élévation susceptible de produire dans leur régime habituel de graves perturbations.

Ainsi il arrive que l'Arve, grossie par les neiges des Alpes, arrête et, quelquefois même, repousse au loin les eaux rapides du Rhône.

La fonte des neiges et des glaces amoncelées l'hiver à la cime des hautes montagnes est encore une de ces causes puissantes qui produisent sur les grands fleuves de notables débordements, amenés au printemps par les premières ardeurs du soleil. Et cela se fait surtout remarquer lorsque le printemps a été tardif dans sa venue. En effet, lorsque l'état de la température est longtemps modéré, la fonte des neiges a lieu graduellement, de même quand, en automne et vers la fin de l'hiver, les pluies viennent peu abondantes, quoique continuelles, la crue des rivières et des fleuves est régulière et paisible. Mais lorsque, à la suite d'un hiver démesurément prolongé, le printemps arrive tout à coup, entraînant à sa suite les vents chauds du midi, une plus grande quantité de glaces et de neiges se trouvent fondues soudainement, et, au milieu de l'été, sans autre cause apparente, les cours d'eau les plus tranquilles grossissent rapidement, quittent leur lit et se répandent partout en causant de violents ravages.

Quant aux pluies qui, souvent, amènent des inondations, on s'accorde à leur donner pour cause le déboisement des forêts. Il est certain que les arbres absorbent naturellement une grande partie de l'humidité du sol ; si l'on vient à les couper, cette humidité, volatilisée par les chaleurs ardentes du printemps et de l'été, se condense en nuages chargés de pluie et retombe forcément par son propre poids.

M. Becquerel, chargé en 1853 d'étudier l'influence qu'exercent les sols boisés et non boisés à propos des terrains de la Sologne, dit que la présence des forêts en pays de montagnes s'oppose à la dénudation de ces dernières, à la formation des torrents, aux ravages causés dans les vallées par les pluies torrentielles et à leur encombrement par les débris de roches, ainsi qu'aux inondations des pays traversés par les fleuves et les rivières.

Malgré toutes les controverses qu'a subies cette question, il nous est parfaitement démontré que la destruction des forêts exerce une grande influence sur le climat d'un pays en abaissant la moyenne de la température de l'été et en relevant celle de l'hiver. Mais ce n'est pas seulement comme cause frigorifique que les forêts agissent sur le climat d'une contrée, c'est encore comme abri contre les vents et comme entretenant les eaux vives. Beaucoup de pays, autrefois couverts de forêts, arrosés d'eaux courantes et vives, sont devenus, par suite du déboisement, froids, marécageux et malsains. La ville de San-Francisco (Californie), entre autres, qui s'est élevée sur un emplacement naguère occupé par des bois touffus, se ressent de plus en plus chaque année du froid des hivers, et, auparavant, il n'y neigeait et n'y gelait jamais.

Il est encore une autre cause aux inondations, et

cette cause a été soigneusement observée par M. le commandant Rozet. Nous voulons parler des torrents qui, descendant des Alpes et des grands systèmes de montagnes qui bordent la France, produisent d'immenses perturbations partout où ils passent. Ils déracinent les arbres, ravagent les moissons, enlèvent les hommes et les bestiaux qui n'ont pu fuir, renversent et entraînent les digues, les barrages et tout ce qui s'oppose à leur impétuosité, se répandent au loin dans les campagnes en détruisant jusqu'aux constructions les plus solides, et s'écoulent enfin avec la même rapidité qui avait accompagné leur course effrénée, pour ne laisser après eux, comme après un vaste incendie, que l'image affligeante d'une affreuse dévastation.

M. Rozet nous apprend que les grands torrents prennent généralement naissance dans des *cirques* ou *bassins de réception* pavés de débris pierreux tombés des escarpements voisins. Ce sont ces débris emportés par les eaux qui vont ravager le sol des vallées. Il n'est pas de rivière un peu considérable qui n'ait sur chacun de ses côtés un certain nombre de torrents. Dans les orages, il tombe subitement, souvent en moins d'une heure, une grande quantité d'eau dans le bassin de réception; cette eau entraîne avec elle les débris pierreux qui sont au fond du cirque et les charrie vers la rivière, dont elle élève alors subitement le niveau.

Les bords mêmes de la Saône ont fourni à M. Rozet quelques remarques relatives à la marche des alluvions de l'époque actuelle. Le mécanisme de leur production est facile à saisir. En s'étendant dans les prairies, l'eau des crues perd de sa vitesse, dépose les matières qu'elle tenait en suspension en vertu de cette même vitesse, et forme ainsi une couche très-mince. Dans le lit, où l'eau a conservé toute sa vitesse, cette couche ne se forme point, en sorte que les berges de la rivière s'élèvent à chaque débordement. Or les digues employées jusqu'à présent ont à résister à des forces d'autant plus considérables qu'elles se trouvent plus loin de l'origine première des eaux. En commençant par les établir vers la source, on détruira donc progressivement la vitesse de l'eau jusqu'aux renflements des vallées, où l'on peut l'utiliser en la forçant de s'étendre en nappes et de fertiliser la plus grande partie des terrains qu'elle dévastait précédemment. Après avoir déposé un limon bienfaisant, cette eau s'écoulerait ensuite sur la part qu'on lui aurait abandonnée, en s'y creusant un lit qui s'approfondirait, d'un autre côté, par l'élévation des terrains conquis.

Nous laissons aux hommes de la science le soin d'apprécier le moyen proposé par M. Rozet, ainsi que la question du reboisement des montagnes, de l'endiguement des rivières et du drainage. Ce dernier système a été étudié par M. H. de Villeneuve, qui pense que le drainage des bas-fonds devrait s'exécuter avec l'encaissement des rivières torrentueuses, dont la ceinture de digues modifierait tous les écoulements. En drainant les coteaux, on atténuerait certainement la rapidité des inondations.

Nous citerons encore, à propos des moyens proposés pour remédier aux inondations, quelques lignes dues à la plume savante d'un agronome distingué, M. J. Valserres, et qui sont un aperçu du système exposé dans son *Manuel de droit rural et d'économie agricole* et dans quelques articles récents du *Constitutionnel*.

« La solution du problème des inondations consiste dit-il, à retarder l'écoulement des eaux pluviales qui des montagnes et des hauteurs déboisées, s'élancent avec fracas dans les vallées. Or, pour retenir les eaux et les faire s'écouler lentement, il faut tout un ensemble de mesures qui concourent vers ce but désirable ; en première ligne, on doit placer le reboisement, car les forêts sont de véritables réservoirs qui absorbent les pluies et les distribuent avec poids et mesure dans les pays de plaine. Les gazons qui recouvrent les montagnes, remplissent, à certains égards, le même office que les bois; ils empêchent les eaux de creuser des fissures sur les pentes abruptes et d'entraîner l'humus, dont la masse accroît encore la violence des inondations. Dépouillées de tout corps hétérogène, les eaux clarifiées offrent moins de volume, elles coulent avec plus de lenteur et causent moins de dégâts.

« Après le reboisement et le regazonnement, viennent les fossés horizontaux et les barrages en travers des vallées étroites. Les fossés horizontaux, creusés sur les pentes dénudées, absorberaient une portion des pluies, et les distribueraient avec lenteur aux régions inférieures. Les barrages en travers des vallées emmagasineraient des quantités considérables de liquide, qui s'écoulerait ensuite par l'évaporation solaire et par les infiltrations du sol. Avec cette série de mesures on retiendrait les pluies plusieurs jours de suite sur les montagnes et sur les pentes, et l'on préviendrait ainsi les inondations. Le problème de la distribution lente et successive des eaux du ciel se trouverait donc résolu.

« Une fois le premier point atteint, la défense des terres voisines des fleuves et des rivières deviendrait facile. Le mal tari dans sa source, les digues, les chaussées, qui protégent aujourd'hui les cultures, n'auraient plus de raison d'être. Sur les fleuves comme la Seine et la Saône, il suffirait de planter des essences à larges feuilles et à longues racines pour amortir la force des inondations, devenues beaucoup plus rares et beaucoup moins dangereuses. Sur les fleuves comme le Rhône, on pourrait établir des digues submersibles, et empêcher les crues d'emporter les terres au moyen de chaussées transversales établies de distance en distance. Enfin, sur les rivières torrentielles, comme la Durance, on pourrait peut-être avoir recours aux digues insubmersibles, mais alors il faudrait organiser un système régulier de colmatage, pour maintenir toujours les berges à la hauteur du lit. »

Il ne nous appartient pas de décider lesquels de ces moyens sont préférables dans leur application. C'est à la science de prononcer.

Du reste, la sollicitude de l'Empereur pour les grands intérêts du pays et la sécurité de ses habitants nous est un sûr garant qu'on ne s'en tiendra plus à de vaines théories. C'est, sans un doute, à son règne qu'est réservée la gloire de trancher cette question, vainement agitée depuis des siècles, et qu'aucun gouvernement n'a su résoudre.

CHAPITRE III

Le mois de mai. — Départ de l'Empereur. — Son arrivée à Dijon. — Présentation à Sa Majesté de deux blessés de Crimée. — Passage à Mâcon. — Souscription officielle ouverte sous le patronage de l'Impératrice et du Prince impérial. — Inondations du Rhône. — Arrivée de l'Empereur à Lyon. — Sa visite aux inondés. — Mot d'un républicain. — Revue du camp de Sathonay. — L'abbé Faivre. — Scènes populaires. — Actes de courage. — Traits de dévouement. — L'armée et les inondés. — Mères et enfants. — Un nouveau membre de la Société de sauvetage. — Huit personnes sauvées par un chien. — Les Petites Sœurs des pauvres. — Les Capucins. — Le tambour L'hermoyé. — Trait de désintéressement d'une femme. — Souscription de l'Empereur. — Son exemple est suivi par l'administration et le haut commerce de Lyon. — Actes de charité. — Secours efficaces. — Tableau désolant. — Les voleurs des inondés. — Lyon après l'inondation. — Voyage de l'Empereur de Lyon à Arles. — Aspect des inondations dans les départements de la Drôme et de l'Isère. — Arrivée de Sa Majesté à Valence. — Le maréchal des logis Pajot. — Départ pour Avignon. — L'Empereur visite Montélimart, La Palud, Orange, etc. — Arrivée de l'Empereur à Avignon. — Il visite la ville en bateau. — Départ de l'Empereur pour Tarascon. — Héroïsme de l'Empereur. — Témoignage rendu par un républicain. — Arrivée de l'Empereur à Arles. — Départ pour Lyon. — Arrivée à Lyon. — Ordre du jour à l'armée. — Adresse de la Municipalité de Lyon. — Réponse de l'Empereur. — Départ de Lyon.

Des pluies torrentielles presque continues avaient signalé depuis plus de trois semaines une grave anomalie dans l'ordre atmosphérique. Du côté de l'Est, les neiges tardives s'étaient fondues brusquement sous l'influence du vent du sud.

Le mois de mai, le mois du foin et des roses, le précurseur des récoltes, l'enfant gâté de toutes les mythologies, l'enfant béni de la poésie et de l'amour, mentait tout à coup à sa tradition. A la guirlande fleurie que les peintres, par habitude sans doute, lui mettent dans la main, il substituait audacieusement un immense arrosoir.

A Paris, où l'on s'amuse de tout un peu, cette félonie, loin de passer inaperçue, avait provoqué de vives épigrammes. En province, c'était différent; la pluie gonflait les ruisseaux; les ruisseaux gonflaient les rivières et les fleuves; les récoltes des prairies riveraines disparaissaient sous les eaux.

Les propriétaires se plaignaient bien un peu par la voix des journaux : cette année encore, les foins allaient être perdus; les blés ne pouvaient mûrir à leur aise; la terre en détrempe passait d'un champ dans un autre, et la vigne éplorée demandait des nouvelles du printemps.

Mais les Parisiens mesuraient de l'œil les eaux de la Seine; l'étiage ne présentant aucun caractère trop menaçant, ils se disaient, avec cette philosophie du docteur Pangloss qui leur est familière, qu'après la pluie viendrait le soleil, qu'il fallait laisser aux gens oisifs le soin de causer du bon et du mauvais temps. Et, en vérité, les parties de campagne s'organisaient;

chacun préparait ses malles; les invitations pour l'été allaient, se croisant et sans interruption, d'un faubourg à l'autre, de la Madeleine à Saint-Thomas-d'Aquin; on devait se retrouver plus tard, bientôt, dans un château du Dauphiné ou de la Touraine.

Le monde officiel se préoccupait plus spécialement des préparatifs organisés pour le baptême du Prince impérial. La cour et la ville, le palais et l'atelier, tressaillaient d'aise à l'idée des fêtes somptueuses de la capitale. En un mot, la pluie était presque oubliée, lorsque se répandit la grande nouvelle de l'inondation.

Non pas l'inondation partielle d'une contrée, le débordement d'un fleuve, la ruine des récoltes dans un ou deux départements, mais l'inondation de plus de la moitié de la France; l'inondation de 1840 et celle de 1846 réunies en une seule; le débordement impétueux du Rhône, de la Saône, du Doubs, de l'Isère, de la Durance et de tous leurs affluents; la submersion presque complète de toutes les contrées traversées par la Loire, le Loiret, le Cher, la Maine, l'Indre et toutes les rivières du centre et de l'ouest; Lyon à moitié emporté par le Rhône; toute la Provence sous l'eau; la ville de Tours surnageant dans les eaux deux fois réunies du Cher et de la Loire. Blois, Amboise, Angers, Orléans, Valence, Avignon, Arles, les plaines immenses du Graisivaudan, de l'Orléanais, de la Touraine, de la Camargue, les plus beaux pays, les plus fertiles, les plus riches de la France :

tout cela désolé, consterné, ruiné par l'inondation.

Mais à peine l'électricité avait-elle indiqué cette calamité immense, et avant que les journaux eussent jeté l'alarme parmi la population parisienne, on apprenait le départ de l'Empereur pour les pays frappés par le cataclysme. L'Empereur ne voulut pas laisser à d'autres le soin de fermer la plaie qui venait de s'ouvrir au cœur du pays. Le premier, il avait reçu la nouvelle; le premier, il arrivait pour réparer les désastres, autant qu'il appartient à l'homme de refaire ce que la nature a détruit.

C'est dans la matinée du dimanche 1er juin, au moment où l'Empereur donnait probablement ses derniers ordres pour le baptême du Prince impérial, qu'il fut instruit du débordement du Rhône et de la Loire. Aussitôt il ordonna de préparer son départ. Sa Majesté se décida avec cette soudaineté et cette rapidité de résolution qui la caractérisent et que ses adversaires mêmes ne peuvent lui contester. Son Exc. le ministre de l'agriculture et du commerce, M. Rouher, les aides de camp de Sa Majesté, le général Niel et le général Fleury, les principaux ingénieurs, M. Franqueville et d'autres personnages furent appelés à faire partie du voyage pour étudier sur les lieux mêmes l'étendue du mal et les remèdes les plus efficaces.

Ce jour même, vers trois heures de l'après-midi,

l'Empereur montait avec son escorte dans un convoi spécial qui prit la route de Lyon.

A huit heures du soir, Sa Majesté arrivait à Dijon, où elle dîna au pied levé dans le buffet du débarcadère.

La présence de l'Empereur dans cette ville, où il passa la nuit, fut marquée par un trait magnanime qui mérite bien d'inaugurer la série d'épisodes héroïques dont ce voyage devait être parsemé.

Deux militaires du 21e de ligne, au retour de Crimée, l'un amputé d'une jambe, l'autre blessé au bras, et qui n'avaient reçu aucune récompense, passaient à Dijon au moment même où l'Empereur arrivait. Ils sollicitèrent l'honneur d'être présentés au général Niel, afin de faire valoir leurs droits. Le brave général, après les avoir écoutés, alla immédiatement parler d'eux à l'Empereur qui voulut les voir, attacha lui-même à leur boutonnière la médaille militaire et donna à chacun quarante francs pour subvenir aux frais de route. On imagine quelle fut la satisfaction des deux militaires. Ils n'espéraient point une si prompte justice; ils ne comptaient pas surtout parler à Napoléon lui-même, honneur dont ils étaient au moins aussi fiers que de leur médaille.

Aussi à peine furent-ils dans la rue que leur enthousiasme éclata avec transports; un groupe se forma autour d'eux, et ils racontèrent leur bonne fortune. La nouvelle de la présence de l'Empereur à Dijon et l'épisode des deux militaires eurent bientôt fait le tour de la ville, et, le lendemain à sept heures, quand Sa Majesté se disposait à partir pour Lyon, une foule considérable se pressait sur son passage en faisant retentir l'air d'acclamations sympathiques.

Ce même jour, à neuf heures, deux ou trois personnes de la gare de Mâcon virent arriver un convoi qui semblait n'avoir rien de commun avec ceux que chaque heure amène de Paris aux habitants de cette ville. De vastes et élégants wagons étaient remplis de généraux et d'officiers de diverses armes, tandis que d'autres voitures contenaient des chevaux de noble race. Enfin, les Mâconnais, à leur grande surprise, virent descendre d'un wagon l'Empereur en personne. Bien que l'arrivée de Sa Majesté n'eût pas été annoncée et qu'on n'eût fait aucun préparatif pour la recevoir, l'accueil enthousiaste et spontané de la population alla au cœur de Sa Majesté, qui exprima en termes très-flatteurs combien elle en était touchée. Comme la nouvelle, rapidement répandue, de son arrivée avait attiré aux abords de la gare une foule de plus en plus nombreuse, les cris de *Vive l'Empereur !* doublaient de minute en minute, tempérés seulement par le respect et par l'émotion des désastreuses circonstances qui avaient subitement arraché Sa Majesté à Paris.

L'Empereur se promena vingt minutes environ dans l'embarcadère, causant avec les généraux qui l'entouraient et les notabilités de la ville de Mâcon prévenues en toute hâte. Durant cette conversation, qu'il interrompait de moment à autre pour répondre, par des saluts gracieux, aux témoignages de sympathie que la population lui envoyait, il recueillit tous les renseignements relatifs à l'inondation pour le département de Saône-et-Loire.

Cette contrée avait relativement moins de désastres à déplorer que les départements limitrophes. Cependant les maux ne laissaient pas que d'être fort grands : la Saône débordée de Chagny à la limite du Rhône; la récolte des terres voisines anéantie sans retour; les routes et les chemins coupés en de nombreuses places; d'autres profondément dégradés et rendant les communications entrêmement difficiles; des villages recouverts d'eau dans une grande partie de leur étendue; à Mâcon même, les rues de la ville basse partiellement submergées, de même que les quais à leur extrémité; à Saint-Laurent, la rivière n'ayant pour limites que les maisons; toutes les prairies offrant l'aspect d'un lac; les familles chassées de leurs maisons par l'élément furieux; les dommages de tous genres causés aux constructions, aux mobiliers, aux marchandises; et, pour compléter tout le lamentable d'une telle situation, la Saône, loin de décroître, élevant peu à peu son niveau et menaçant d'étendre plus loin encore ses envahissements.

L'Empereur écoutait tous ces détails avec beaucoup d'intérêt, il questionnait lui-même les autorités, pour épargner les longueurs du récit, et prenait note des actes de dévouement.

Avant de remonter en wagon, il prit sur sa cassette une somme de vingt mille francs, et la remit à

M. Ponsard, préfet de Saône-et-Loire, en lui disant : « Monsieur le préfet, voilà un à-compte sur ce que je dois à vos inondés. »

En même temps, il lui promit une large part sur le crédit provisoire de deux millions qui devait être le jour même voté à l'Assemblée législative, pour subvenir aux besoins les plus pressants des populations atteintes.

Le convoi qui emportait Sa Majesté disparaissait déjà à l'horizon dans un tourbillon de fumée, que les cris de *Vive l'Empereur!* se prolongeaient encore aux abords du débarcadère.

Pendant que l'Empereur portait ainsi lui-même aux inondés des secours et des consolations, l'Impératrice, émue également de tant de misères, exprimait au ministre de l'intérieur le désir qu'une souscription officielle fût immédiatement ouverte pour les soulager, et lui remettait, en son nom et au nom du Prince impérial, une double offrande.

C'est ainsi que s'est ouverte, dans les mairies du département de la Seine et dans celles de tous les départements, la souscription au profit des inondés. Placée immédiatement sous l'auguste et touchant patronage de l'Impératrice et de son fils, elle devait doublement plaire à tous les cœurs généreux.

Dans la nuit du 29 au 30 mai, la crue du Rhône prenait des proportions qui rappelaient en tous points la catastrophe de 1840. A Lyon, déjà toute la ligne des quais de la rive droite, à partir du pont Morand jusqu'à celui de la Guillotière, était envahie par l'eau, qui commençait également à recouvrir le pont de Saint-Clair. Des précautions avaient été déjà prises de tous côtés. Le génie militaire employait des hommes de corvée qui fortifiaient, en toute hâte, la chaussée protégeant les ouvrages de défense élevés sur le quai d'Albret. Peu à peu le Rhône montait, mettait en déroute les travailleurs occupés au sauvetage, dépassait d'une quantité notable le niveau de 1840, atteignait les quais les plus élevés, occupait complétement les parties déclives et toutes les rues qui sont à un niveau moyen.

On allait en bateau sur la place Bellecour; la place de la Charité, la rue des Marronniers et la rue Bourbon étaient envahies; la rue Impériale elle-même n'était pas épargnée.

Sur l'autre rive, même tristesse et même désolation.

En proie aux plus vives angoisses, la population atterrée, ayant perdu, pour ainsi dire, le sang-froid qui, seul, peut atténuer le danger dans des occasions si imminentes, se croisait et s'assemblait bruyamment sur les lieux frappés par le sinistre.

Dès le premier moment, les autorités de Lyon, ayant à leur tête le maréchal de Castellane et le sénateur chargé de l'administration du département du Rhône, avaient couru au-devant de l'inondation; le maréchal avait ordonné la mise à l'eau de toutes les embarcations du génie qui devaient s'occuper avant tout du sauvetage des individus que la promptitude du débordement surprenait à l'intérieur des habitations. A ce moment, on craignait beaucoup le Rhône, comme on le voit par ces préparatifs; mais on semblait redouter encore davantage l'expansion des eaux de la Saône, qui, cependant, était loin d'avoir atteint le niveau qu'elle a eu plus tard. On recommandait aux habitants des quartiers récemment inondés de redoubler de précautions. Quelques accidents avaient déjà jeté l'émoi à Saint-Clair : le mur d'un jardin s'était écroulé et une femme avait été blessée; on parlait aussi d'éboulements à la Quarantaine.

Aussi les riverains se hâtaient de débarrasser leurs magasins, et leurs boutiques, et le maréchal de Castellane avait mis à leur disposition des bataillons entiers.

La journée s'écoula ainsi; le Rhône montait toujours.

Dans la nuit du 30 au 31 mai, se produisit le grave événement qui devait servir de prélude à la longue et douloureuse série de calamités qui se déroulèrent le lendemain et le surlendemain.

Vers une heure et demie, au moment où onze cents hommes de l'armée de Lyon travaillaient sous les ordres de M. Keitz, ingénieur en chef de la navigation, à la construction d'une chaussée préservatrice, la digue du Grand-Camp se rompit tout à coup à la hauteur du nouveau fort, sur une longueur de cent cinquante mètres. Aussitôt toutes les embarcations dont on put disposer furent dirigées vers l'endroit où se tenaient les travailleurs, et les efforts du sauvetage, bien que ralentis par l'impétuosité des flots, eurent pour résultat de sauver la vie à la plus grande partie des malheureux, surpris d'une façon si imprévue.

Malgré les précautions qu'on avait prises et l'évacuation de la plupart des maisons, comme on n'avait prévu ni la promptitude ni la violence d'une telle irruption, la rupture de la digue causa les plus grands ravages. L'eau, libre de toute barrière, se précipitait sur la Guillotière et les Charpennes avec une force irrésistible. Si la promenade des Brotteaux échappait encore au débordement, cela tenait à la résistance du chemin de ronde que venait ébranler le Rhône comme une mer en fureur. Devant les eaux, les maisons s'écroulaient par douzaines. Les soldats luttaient de courage et de dévouement avec les mariniers pour disputer aux flots tout ce qui pouvait leur être arraché. Pendant ce temps, un mur du fort des Brotteaux tombait, et l'eau montait jusqu'au premier étage des maisons dans les quartiers les mieux protégés, où l'on n'avait pas soupçonné qu'elle pût jamais atteindre.

Dès que le jour se fut levé et eut éclairé de sa lumière pâle et triste le théâtre de ce drame immense, un spectacle poignant s'offrit aux regards désolés. La moitié de la ville était submergée. La rive gauche surtout portait les traces de cet horrible bouleversement.

Depuis la Tête-d'Or jusqu'à la Mouche, c'est-à-dire dans toute la longueur de Lyon, on eût dit un tableau du déluge; partout même aspect, mêmes ruines et mêmes désespoirs. Encore cette nappe jaunâtre qui flottait dans les rues, dans les maisons, cachait-elle sans doute des ravages dont on ne pourrait juger exactement l'étendue qu'après le retrait des eaux.

Il y avait des infortunés qu'on voyait lutter un moment contre le torrent, et disparaître ensuite malgré les efforts qu'on faisait pour les sauver. Et combien d'autres avaient été entraînés par l'eau dans leur fuite ou surpris par l'effondrement de leurs maisons!

Le nombre des constructions qui avaient déjà disparu à ce moment n'aurait pu se calculer; les Charpennes n'existaient plus; Vaux, Villeurbanne et la Guillotière, avaient aussi horriblement souffert. Les communes des Charpennes, de Villeurbanne et de Vaux, situées dans la plaine au delà du chemin de ceinture, avaient perdu les trois quarts de leurs habitations. Une longue avenue, bornée de magnifiques arbres, qui conduit de Lyon à la commune des Charpennes, a offert, pendant quatre jours, le plus lamentable aspect; ce n'étaient que ruines entassées, des planchers brisés, des pans de murs renversés, des linges souillés par la boue, au milieu de meubles, de lits, d'ustensiles de tous les genres, fouillis navrant, où de pauvres familles cherchaient, les larmes aux yeux, pour en retirer les objets les plus indispensables à leurs besoins journaliers. Là où commençait la grande rue, et dans toute sa longueur, les désastres de l'inondation prenaient encore un caractère plus effrayant, à cause de la hauteur et de la beauté des constructions, qui sont éventrées en général, ou écroulées les unes sur les autres.

Pour le quartier de la Villette, l'inondation avait commencé à trois heures du matin; et de prime abord les barques manquaient.

Au moment de la rupture de la digue, les habitants dormaient pour la plupart, croyant être, en ce qui les concernait, à l'abri du fléau. Aussi beaucoup ont-ils péri, malgré le dévouement des mariniers, des pompiers et des militaires, qui ne pouvaient les sauver tous. Avec l'intrépidité héroïque qui caractérise les enfants de la France, mariniers et militaires, soldats et citoyens, s'élançaient sur de frêles barques, escaladaient les maisons chancelantes et allaient prendre les victimes jusque dans leur lit; ils étaient forcés d'empêcher les femmes de se vêtir et de rien emporter, et à peine avaient-ils franchi le seuil, ou le plus souvent la fenêtre, que le bâtiment s'écroulait.

Dans les rumeurs qui s'élevaient de la foule on distinguait, il est vrai, des pleurs, des cris, des plaintes amères, l'expression du désespoir arrivant à son paroxysme; mais, une fois la crise passée, le mal devenu irréparable, les groupes d'inondés s'entretenaient des actes de courage et de dévouement au prix desquels ils avaient échappé à la mort.

Non loin d'eux le fleuve immense charriait, sans

aucune trêve, une quantité indescriptible de bois, de matériaux, de meubles, de vêtements, des cadavres de chevaux, de bœufs, d'animaux domestiques de tous les genres. Quelquefois une forme encore plus sinistre tourbillonnait au-dessus des flots : c'était une mère serrant dans ses bras son enfant à la mamelle ; ou bien la silhouette limoneuse d'un malade surpris par l'inondation dans son lit d'agonie; toutes les choses terrestres et humaines, confondues dans un défilé rapide comme le courant, panorama blafard et terrible dont tous les témoins se souviendront comme de la plus grande calamité qu'il soit permis à l'œil humain d'embrasser une fois.

Quand s'arrêterait le mal, nul ne pouvait le prévoir ; les nouvelles qui arrivaient du haut pays annonçaient, sur tout le parcours du Rhône et de la Saône, les crues les plus désastreuses, la perte de hameaux entiers, la destruction, non-seulement des récoltes, mais du sol arable. Au lieu de décroître, le Rhône demeurait stationnaire, ou parfois élevait son niveau de quelques centimètres. Devant cette ténacité du fléau, force fut à la population de lui faire librement sa part, de lui abandonner ce qui ne pouvait être arraché qu'au risque de sacrifices encore plus coûteux.

On donna l'ordre aux travailleurs civils et militaires de se retirer. Sur tous les points menacés, ceux des habitants qui avaient leur domicile dans des maisons bâties en pisé de terre ou de mâchefer furent invités à les évacuer au plus vite. Et ce fut une salutaire prudence, car le chemin de ronde, qui avait à peu près résisté jusqu'à ce moment, creva bientôt à la hauteur des casernes de la Part-Dieu, et le flot triomphant se précipita par cette issue, allant au-devant du courant qui venait directement du Rhône, en franchissant la chaussée du cours Bourbon.

Alors se passa une nouvelle scène de désolation, plus terrible et plus lamentable encore que celle de la nuit précédente; les malheurs étaient plus grands et les victimes plus nombreuses.

Ce fut surtout vers deux heures, au moment où les eaux de la plaine supérieure, accumulées à trois mètres au-dessus des bas-fonds des Brotteaux, se précipitaient avec un grondement épouvantable, que ces quartiers populeux présentèrent un spectacle d'animation fiévreuse et désolée. De toutes les rues latérales, remplies de pauvres habitations vouées à une destruction à peu près certaine, on voyait fuir vers les cours des Charpennes, vers les places des ponts, seuls points à l'abri de l'inondation, une immense population effarée, où l'on aurait pu compter plus de vingt mille personnes.

Hommes, femmes, enfants, les uns terrifiés, les autres les larmes aux yeux, fuyaient à la hâte devant les eaux qui montaient avec une rapidité effrayante. Tous portaient quelques parties de leur mobilier ou les vivres les plus indispensables ; sur des charrettes et des fourgons de messageries, on transportait en toute hâte des centaines de bateaux, destinés à opérer le sauvetage des maisons qui s'écroulaient ; et les véhicules de tous genres, voitures de remise, fiacres, diligences, calèches de maître, etc., avaient été mis à contribution pour le déménagement des rez-de-chaussée que l'eau devait bientôt envahir.

A six heures du soir, l'œuvre de destruction continuait de plus belle. Au débouché des Charpennes, le coup d'œil était désolant : on n'apercevait que ruines, pans de muraille privés d'appui, maisons à demi détruites, toits enfouis dans l'eau. Des meubles, des ustensiles, des débris surnageaient çà et là. Des barques nombreuses fouillaient ces décombres pour en arracher les habitants et quelques objets mobiliers. Sur la chaussée, devenue une espèce de débarcadère, on voyait étalés, matelas, lits, etc., des bannières, un dais, des ornements d'église provenant de la chapelle des Charpennes. Le soir, vers huit heures, la nappe liquide s'élevait encore. De toutes les rues latérales, elle s'avançait vers le cours Morand, qui se recouvrait peu à peu.

En ce moment, toute la Guillotière, excepté les principaux ports, était recouverte par l'inondation. Ce fut à partir de neuf heures du soir, dans la nuit du 31 mai au 1er juin, que le Rhône commença à décroître, mais si lentement, que le bouillonnement des eaux achevait de détruire sur les points déjà indiqués toutes les constructions qui avaient résisté jusque-là. Ainsi de nouveaux quartiers s'écroulèrent, particulièrement derrière l'église Saint-Pothin et le long de l'avenue de Saxe. Des hauteurs, on apercevait à chaque instant comme la fumée d'une pièce d'artillerie ou d'un feu de peloton : c'était une maison qui s'effondrait.

A la date du 1er juin, la pluie avait complétement cessé ; le soleil, dégagé de nuages, brilla de tous ses rayons au-dessus de la ville. La coïncidence de cette sérénité inespérée du ciel avec la nouvelle que l'Empereur s'était mis en route pour soulager de ses propres mains les victimes de l'inondation ramena l'espérance dans les cœurs. Déjà, à l'étiage du fleuve, la baisse constatée dépassait un mètre ; les eaux se retiraient des points élevés ; la confusion des manœuvres disparaissait peu à peu ; le sauvetage s'accomplissait dans de meilleures conditions, et, bien que le spectacle de la submersion désolât les regards qui devaient se familiariser sans cesse avec de nouvelles calamités, on comprenait partout que le mal avait cessé ; et c'était presque une joie après une si grande douleur.

La dépêche télégraphique qui annonçait la prochaine arrivée de l'Empereur n'avait pas tardé à être connue du public, où elle produisit une émotion profonde ; on était attendri jusqu'aux larmes de cette éclatante preuve de sollicitude et d'affection.

Ce fut le 2 juin, à dix heures de la matinée, que Sa Majesté, partie de Dijon quelques heures avant, arriva à la gare, où l'attendaient S. E. le maréchal comte de Castellane et M. le sénateur Vaïsse.

Sa Majesté Impériale, en uniforme de général, monta dans la voiture du maréchal, et, escortée de quelques cent-gardes, entra à l'hôtel de l'Europe. L'Empereur était accompagné de S. E. M. Rouher, ministre de l'agriculture, du commerce et des travaux publics, de M. de Franqueville, inspecteur général et directeur des ponts et chaussées, du général Niel et du général Fleury, ses aides de camp.

Quoique Sa Majesté fût dans un coupé fermé, elle fut saluée des plus chaudes acclamations. Les cris de *Vive l'Empereur!* retentissaient sur tous les points; les drapeaux avaient été arborés à la hâte; les ouvriers agitaient avec enthousiasme leurs casquettes, et les femmes leurs mouchoirs.

A peine arrivé à l'hôtel, sans prendre même le temps de se reposer, l'Empereur donna l'ordre qu'on lui sellât un cheval; et, se tournant vers les personnes qui l'accompagnaient, il exprima le désir de se mettre en route, pour aller visiter le théâtre du sinistre. Les ingénieurs en chef, toutes les notabilités du corps du génie et de l'administration des ponts et chaussées avaient été requis en toute hâte pour escorter l'Empereur dans sa triste excursion. On voyait dans le cortége, indépendamment des personnes citées plus haut, M. Doyat, inspecteur général des ponts et chaussées, MM. Jordan, Bouvet, ingénieurs en chef, et Thiollière, ingénieur ordinaire; M. Champanhet, lieutenant général du génie, et M. de Billy, ingénieur en chef du contrôle du chemin de fer de Paris. Un peloton de dragons fermait la marche.

Sa Majesté traversa d'abord la place Bellecour, suivit la rue Impériale, la rue Puits-Gaillot, le cours Morand, le cours Vitton jusqu'aux Charpennes, revint par l'avenue de Saxe, visita toutes les rues voisines, telles que les rues Monsieur, Madame, etc., prit le cours Bourbon, le cours de Brosses, et rentra par le pont de la Guillôtière et la rue de la Barre.

L'Empereur, qui avait recueilli par avance toutes ses informations, indiqua lui-même cet itinéraire. En traversant ainsi les quartiers qui avaient le plus souffert de l'inondation, il avait voulu s'assurer par lui-même de la gravité des désastres. L'intention de soulager de ses propres mains et de consoler, par son intervention personnelle, les malheureux inondés, entrait aussi pour beaucoup dans le choix de cette route, qui offrait toutefois certains dangers. Les rues qu'il parcourait ainsi à cheval étaient pour la plupart submergées. Sa Majesté, sans se préoccuper de l'eau qui lui montait à mi-jambe, faisait toujours avancer son cheval. On devinait à la pâleur de ses traits quelles tristes émotions éveillait dans son cœur le navrant spectacle qui s'offrait à ses regards aussi loin qu'ils pouvaient s'étendre. Jusqu'à ce moment, l'Empereur, quoique exactement informé, n'imaginait pas, sans doute, tout ce que cette calamité avait d'horrible. Aussi, tout entier aux impressions poignantes que faisait naître en lui la vue de si épouvantables malheurs, n'essayait-il pas de cacher les larmes que lui arrachait ce douloureux spectacle. En présence de tant de maux, il ne songeait pas aux difficultés, aux périls même de la traversée dans laquelle il s'engageait de plus en plus.

A coup sûr, de toutes les scènes grandioses et émouvantes qui s'étaient succédé durant quarante huit heures sous les yeux de la population lyonnaise, aucune ne pouvait lutter avec celle du passage de l'Empereur. Jamais l'émoi n'avait été si solennel et si général. Il faudrait le pinceau d'un grand peintre pour retracer ce tableau : l'inondation des rues, la consternation des populations ouvrières, et l'Empereur intervenant comme le gage de la réconciliation divine et humaine, prodiguant l'or et les consolations aux malheureux qui se pressaient comme un nouveau torrent, l'entouraient de remercîments et de témoignages d'affection, et, levant vers lui leurs mille bras souillés de boue, criaient avec un sourire après tant de larmes : *Vive l'Empereur! vive l'Empereur!* Ah! cette fois, on ne viendra pas compter les enthousiasmes. Il y avait unanimité dans toutes les bouches ; le même sentiment faisait palpiter tous les cœurs ; c'était la reconnaissance de l'infortune pour l'héroïsme, une sorte de communion morale et matérielle entre l'Empereur et les Lyonnais. A chaque pas, de pauvres gens ruinés par le fléau, ayant de l'eau jusqu'à la ceinture, arrêtaient le cheval de Sa Majesté. « Laissez faire, disait l'Empereur à ses aides de camp, laissez-les venir à moi; puissent-ils s'en retourner contents! » Et, dans un sac suspendu à la selle du général Niel, il puisait l'or à pleines mains et le distribuait avec de douces paroles à tous ceux qui l'entouraient. Près du pont du Concert, sur la rive gauche, une femme s'approcha de lui en criant *Vive l'Empereur !* L'escorte voulait l'écarter; mais Sa Majesté donna aussitôt l'ordre de la laisser avancer; et, lui remettant quelques pièces d'or : « Tenez, lui dit-il, ma pauvre femme, voilà pour acheter du pain. »

A chaque pas du cortége impérial sur cette scène de désolation, la foule et les acclamations redoublaient; les drapeaux pavoisaient instantanément les dernières, les plus misérables maisons restées debout au milieu des décombres; et les efforts de l'escorte avaient peine à frayer un passage au cheval de Sa Majesté à travers les groupes serrés où toutes les classes de la population, confondues pour la première fois dans une cordiale unanimité, témoignaient chaleureusement de leur gratitude pour la généreuse démarche de l'Empereur.

Sur la place du pont de la Guillotière, très-brillamment pavoisée, cette ovation populaire devint un véritable triomphe. Pendant un moment, Napoléon, entouré par la foule des inondés campés là depuis trois jours, n'a plus eu d'autre garde que des femmes, des enfants, de pauvres pères de famille touchés jusqu'au fond du cœur de ses bienfaits et de la manière de les accorder. Et Sa Majesté était bien gardée! Les officiers et les soldats, obéissant à la consigne, voulaient éloigner ces malheureux :

« C'est à vous, messieurs, a dit Sa Majesté avec douceur, c'est à vous de vous éloigner en ce moment; je suis ici au milieu de ma famille; » et les larmes venaient à ses yeux comme à ceux de tous les assistants. Le peuple, d'ailleurs, lui rendait bien cette justice, qu'il avait été inspiré par cette louable sollicitude dont il avait donné tant de preuves : « Cette fois, disait avec émotion un ouvrier à ceux qui l'entouraient, ce n'est pas pour les habits fins qu'il est venu, c'est bien pour les vestes. » Et l'ouvrier avait raison. C'était un homme de cœur qui sentait à quelle inspiration l'Empereur avait obéi.

Un homme, que l'on avait remarqué pour son courage et son dévouement pendant tout le temps de l'inondation, disait, en parlant de l'Empereur : « Il vient de remporter une deuxième victoire, plus grande que celle qui a clos la guerre de Crimée, car il a gagné en entier la ville de Lyon, qui vaut mieux que Sébastopol. » Voici encore un mot émané d'un républicain qui s'était fait à Lyon une notoriété politique : « Quel malheur d'être lié par des antécédents! voilà un homme que j'aimerais! »

Quelquefois l'Empereur, s'arrêtant sur une élévation, embrassait d'un coup d'œil tout le théâtre du sinistre, et on le voyait se tourner vers M. Rouher, et vers les ingénieurs, comme pour leur communiquer un projet de constructions et de travaux destiné à garantir Lyon

Il était deux heures quand Sa Majesté rentra à l'hôtel de l'Europe. Elle retint tous les personnages que leurs fonctions appelaient à émettre un avis sur l'inondation; un nouveau travail commença entre le ministre et l'Empereur; toutes les questions furent posées et discutées. A quatre heures, Sa Majesté se dirigea par les quais du Rhône vers le camp de Sathonay, où l'attendaient de nouvelles ovations; et, sur sa route, la foule était encore plus compacte et les acclamations plus enthousiastes.

L'Empereur visita le camp de Sathonay et donna quelques décorations et des médailles militaires. Parmi les croix de la Légion d'honneur qu'il distribua, l'une d'elles vint se placer sur la poitrine d'un prêtre, M. l'abbé Faivre, aumônier du camp.

Il n'est personne, à Lyon, qui ne connaisse la modestie aussi bien que le dévouement de M. l'abbé Faivre, et qui ne sache tout ce qu'il a fait pour l'armée depuis plus de vingt-trois ans qu'il y est attaché. Aussi cette récompense publique que l'Empereur a voulu donner au prêtre au milieu même des troupes, est-elle le couronnement des services que M. l'abbé Faivre a rendus à l'armée, comme aumônier, et à l'enseignement des enfants du peuple, comme professeur de morale à l'école de la Martinière. Il se trouvait au milieu de ceux-ci, bien éloigné de penser à l'honneur qu'il allait recevoir, pendant que S. E. M. le maréchal comte de Castellane le faisait chercher par des estafettes pour le présenter à l'Empereur, auprès de qui il arriva au moment même de la distribution des décorations.

Avant de quitter la ville pour se diriger sur Avignon, départ qui eut lieu le 3, à sept heures du matin, Sa Majesté trouva encore le temps de répandre de nombreux bienfaits. Sur le fonds de deux millions votés le jour même par le Corps législatif, l'Empereur ordonna que trois cent mille francs seraient alloués à la ville de Lyon ; il voulut qu'une liste de souscription fût ouverte sur-le-champ, et il inscrivit son nom en tête pour une somme de cent mille francs qu'il préleva sur sa cassette particulière, comme toutes les autres sommes données depuis le commencement du voyage. Sa Majesté adressa en outre une somme de vingt-cinq mille francs au préfet de l'Isère pour être distribuée en secours aux victimes de l'inondation dans ce département.

Préciser exactement l'étendue et le chiffre des pertes supportées par la ville de Lyon est à peu près impossible. Il faudrait une statistique spéciale, une longue enquête, que toute l'activité déployée par l'administration ne saurait établir en si peu de temps; mais on a pu apprécier d'une façon approximative le nombre des constructions que le courant a entraînées.

A vrai dire, la plupart d'entre elles n'étaient que d'une faible importance : c'étaient des bâtiments en pisé d'argile, en pisé de mâchefer, quelques-uns en briques et en maçonnerie, d'une architecture défectueuse et économique. Mais chacun de ces bâtiments était la propriété d'un malheureux qui y avait placé toutes ses épargnes; chacun contenait plusieurs ménages, leur chétif mobilier, des ateliers avec tout leur matériel, des métiers pour la fabrication des étoffes de soie. Il a suffi de quelques heures pour que tout ait été abîmé sous l'eau et transformé en décombres. Les familles chassées de leurs domiciles se réfugiaient, les unes chez leurs parents ou amis, d'autres étaient recueillies par les soins de l'autorité; d'autres, enfin, campaient sur la chaussée, sur les quais, hors de l'atteinte des eaux, se créant au milieu des débris de leurs mobiliers divers abris avec des toiles, des planches, des fragments de couverture.

On peut affirmer, en restant même au-dessous de la vérité, que plus de quatre cents maisons ont été englouties, et que, par suite, plus de trente mille personnes se sont vues privées d'asile. Nous ne parlons pas des cadavres que le flot, en se retirant, a abandonnés au milieu des rues, ceux qu'on n'a pu retrouver sous les décombres, ceux que le fleuve a emportés. Mais la quantité de ces victimes est incalculable. Chacun dans Lyon a été témoin de scènes isolées, où la mort frappait deux, trois personnes; chacun peut raconter son épisode, et il faudrait de longs volumes pour transcrire ces récits lugubres, se rapportant aux journées des 30, 31 mai, 1er juin, et suivantes.

Un de nos amis, peintre de genre, M. Antonin Dumas, que ses tableaux pittoresques sur l'Espagne ont déjà classé au rang de nos meilleurs artistes, a visité, au moment de l'inondation et presque en même temps que l'Empereur, toutes les contrées ravagées par les débordements du Rhône, depuis Lyon jusqu'à Arles. « Il y a loin, nous dit-il dans une lettre écrite durant le voyage, de cette nature convulsionnée et pour ainsi dire tordue par l'ouragan des eaux, à ces chaudes contrées de l'Espagne, que je vais revoir pour leur dérober un nouveau rayon de soleil. La transition sera un peu brusque ; mais, loin de nuire à mes travaux, elle m'aura révélé un côté imprévu et le plus grandiose peut-être de la création, dont je me doutais à peine. » — Après ces préliminaires presque personnels, M. Antonin Dumas nous fait une description rapide des désastres qui l'ont si vivement impressionné : « Lyon surtout est dans un état effrayant : digues rompues, maisons écroulées, arbres abattus, rues dépavées et rues pleines d'eau, maisons qui menacent ruine et gardées par des soldats, meubles détruits et gisant pêle-mêle où les eaux se sont retirées :

tout cela donne à peine une idée de l'aspect désolé que présente cette malheureuse ville...

« Ce qui a été une des causes de la quantité d'eau qui a tant fait souffrir la Guillotière, c'est que la caserne d'artillerie a, dans le but de préserver ce quartier des eaux, relevé ses murailles ; les eaux ont crû malheureusement plus vite que le travail des soldats. La brèche s'est faite, et les eaux se sont précipitées comme un torrent dont la force a fait beaucoup plus de mal que si les eaux fussent arrivées par leur crue naturelle. J'ai vu une fabrique importante de bougies dont il ne reste plus pierre sur pierre.

« Les actions de courage se comptent par milliers. Voici un épisode dont les journaux ont oublié de faire mention. Un chasseur à pied a sauvé six personnes à la nage; on l'a vu, d'un coup, porter deux personnes dans ses bras, et, en même temps, un enfant s'accrochait à sa tunique avec les dents et échappait ainsi à une mort certaine. » Et plus loin, après quelques lignes consacrées aux actions de dévouement qu'il n'a pas le temps d'énumérer, M. Antonin Dumas se résume ainsi : « De toutes parts on s'est prêté secours, et personne n'a boudé là où était le danger. »

Ici se termine cette, relation dont nous complétons la partie anecdotique au moyen de documents recueillis sur les lieux mêmes :

— Une jeune femme, accouchée depuis deux jours, se tenait au lit, ayant à côté d'elle son enfant. Le mari, prévenu qu'un membre de sa famille courait un grand danger à quelque distance de là, s'était absenté en toute hâte pour lui porter secours, ne prévoyant pas qu'un danger plus grave encore menaçât son propre foyer. La jeune mère, seule avec son enfant, et à peine informée du débordement du Rhône, fut toute surprise d'entendre un grand bruit se faire autour de la maison. Au même instant, l'eau s'introduisait à travers les joints de la porte et des fenêtres avec une telle violence que la nouvelle accouchée trouva à peine le temps de se lever pour appeler au secours. Mais, comme elle ouvrait les battants de la fenêtre, elle fut renversée brusquement par le flot, qui se fraya un chemin libre dans la chambre. Malgré sa faiblesse, et au lieu de perdre courage, la mère se dressa comme une lionne, et, ne cherchant qu'à sauver son fils, elle le tint levé sur sa tête en appelant de tous ses cris les sauveteurs qui se hâtaient vers elle avec plusieurs embarcations. Plus de dix minutes s'écoulèrent ainsi dans une mortelle angoisse; l'infortunée n'avait même pas eu le temps de se vêtir; mais bien que l'eau lui fût arrivée déjà au-dessus de la gorge, ses bras, soutenant le précieux fardeau, n'avaient pas changé de position. Enfin, on put recueillir ces deux malheureux dans une barque; l'enfant fut sauvé; mais, à cet acte héroïque, la pauvre mère avait compromis sa vie; le lendemain, elle mourait à l'hôpital, malgré les soins empressés dont elle était devenue l'objet.

— Le 31 mai, à huit heures du soir, aux abords du chemin de ronde, une maison à moitié engloutie par les eaux était sur le point de s'écrouler; sur les toits, une femme, tenant dans ses bras un enfant âgé de trois ans, poussait des cris affreux; une barque de sauvetage se dirige de son côté, mais la maison oscille; une seconde encore et elle va s'engloutir. La mère ne songe qu'à son enfant; elle le jette dans les bras de ses sauveurs et disparaît dans les débris de la maison qui s'affaisse.

— Sur la place Napoléon, à la Guillotière, une femme veut traverser l'eau; le courant l'entraîne, elle va périr; un enfant de douze à quatorze ans, jusqu'alors spectateur indifférent, s'élance avec ce courage de la jeunesse qui ne connaît aucun danger, saisit l'infortunée par les cheveux et la sauve.

— Une maison de la Part-Dieu va s'écrouler; quatre femmes vont périr; un employé de l'octroi, témoin du danger, improvise à la hâte un radeau; il s'élance sur cette fragile embarcation et arrive à temps. A peine les femmes sont-elles sauvées que la maison s'écroule. Une pierre atteint à la tête l'héroïque employé; le sang coule à flots; mais, rassemblant son énergie et son courage, ce généreux citoyen redouble d'efforts; il atteint bientôt la terre ferme; là, les forces lui manquent et il tombe évanoui dans les bras des spectateurs qui ont suivi avec anxiété toutes les péripéties de ce drame émouvant.

— Une femme tenant deux enfants sur ses bras, tandis qu'un troisième est suspendu sur ses épaules, descend à la hâte de sa maison pour entrer dans une barque qui l'attend au bas. Au moment où elle pose le pied sur la dernière marche, l'escalier s'écroule; un enfant échappe, tombe dans l'eau; la mère veut le retenir; dans ce brusque mouvement, les deux autres glissent et roulent dans le cercueil commun, et la malheureuse femme voit périr sous ses yeux ses trois enfants.

— Une mère et sa fille, jeune personne de dix-huit ans, se sont réfugiées sur le balcon de leur appartement pour descendre dans une barque qui se dirige vers elles. Tout à coup la maison s'écroule; la mère est précipitée dans l'eau, où elle disparaît. Par un hasard providentiel, la jeune fille reste suspendue au-dessus de l'abîme, accrochée par ses jupons à une poutre de la façade. Ce n'est qu'une heure après que des mariniers parviennent à l'arracher à cette terrible position.

— Des cris affreux sont poussés au fond d'une cour de la rue d'Aguesseau, à la Guillotière; ils sont bientôt étouffés par le bruit épouvantable que produit une maison en s'écroulant. Le maire de l'arrondissement, le curé de la paroisse de Saint-André, accompagnés de plusieurs mariniers dévoués, montent dans une barque et se dirigent en toute hâte dans la direction des cris qu'ils ont entendu. Ils voient une famille entière, dont l'habitation vient d'être ensevelie, composée d'un homme, de sa femme et de deux enfants, disparaissant déjà au milieu de l'eau. On se précipite à leur secours, et on parvient d'abord à retirer l'homme à bout de forces et au moment où il allait infailliblement périr.

Quant à la femme, on réussit également à la saisir au moment où, vaincue par la douleur, elle venait, après une dernière étreinte, d'abandonner ses enfants. Ces deux malheureux restent quelques minutes sans mouvement et sans vie; mais, ranimés bientôt par les soins qui leur sont prodigués, ils donnent à la foule un de ces spectacles navrants qu'on n'oublie jamais.

Rien n'était plus horrible que les cris poussés par cette malheureuse mère réclamant ses enfants; rien, surtout, n'était plus déchirant que les reproches qu'elle s'adressait pour les avoir abandonnés au moment où ils auraient pu être sauvés.

Les cadavres des deux petites victimes furent retrouvés au bout d'une heure de recherches.

— L'hospice des vieillards était entièrement enseveli dans les eaux, et ces malheureux, accablés par l'âge et les infirmités, s'étaient réfugiés sur les toits de l'établissement. Les barques ne pouvant pas aborder, les mariniers prirent sur leurs épaules ces infortunés, au nombre de deux cents, un à un, pour les transporter en lieu sûr.

— A la Part-Dieu, une femme et son mari, voyant passer une barque, s'élancent du second étage dans l'eau; les mariniers arrêtent leur embarcation, et l'un d'eux, plongeant aussitôt, atteint les deux infortunés et les sauve.

— Aux Charpennes, un chien sauve huit personnes. La digue vient de se rompre; on envoie immédiatement dans cette localité des escadrons de dragons, qui, frappant aux portes avec le pommeau de leur sabre, avertissent du danger. Dans une maison, une famille entière n'a pas entendu le signal; mais le chien veille; il s'élance sur le lit de son maître, arrache avec ses dents les couvertures; celui-ci se réveille enfin, réunit sa famille; à peine a t-elle franchi le seuil de la maison que les murs s'écroulent; mais les malheureux sont sauvés.

— Autre trait de fidélité touchante de la part d'un chien. Pendant trois jours consécutifs, on a pu voir aux Charpennes un pauvre caniche fouillant avec ses pattes dans les débris et entremêlant ses efforts de hurlements lamentables. Tout ce qu'on a pu faire pour arracher de ces lieux le pauvre animal a été sans résultat. Enfin on a fouillé dans les décombres, et bientôt on a retiré quelques cadavres qu'on a supposé être ceux de la famille à la recherche de laquelle s'acharnait le chien.

— Dans la nuit du 30 au 31 mai, à une heure trois quarts du matin, sur la route des Charpennes, près du chemin de ronde, au bruit effrayant des cris *Au secours!* au sinistre craquement des maisons qui s'écroulaient, deux intrépides citoyens, les sieurs Auguste Audraud, président de la 112e société de secours mutuels, Francisque Laposse, droguiste, n'écoutant que leur courage, se sont élancés dans le fleuve et ont eu le bonheur, après avoir couru les plus grands dangers, de rapporter sains et saufs chacun trois personnes, hommes, femmes et enfants.

A ces braves citoyens s'étaient joints les sieurs Antoine Barolon et Chanteur, qui, se tenant les uns les autres pour ne pas être emportés par le courant, qui grossissait à vue d'œil, sauvèrent encore, à de grandes distances, plusieurs personnes en danger de périr.

— Deux jeunes gens, Desmazes et Grangier, montés sur une yole, mise à leur disposition par le commissaire central, s'étaient dirigés vers les points les plus périlleux. Leur barque se brisa dans un sauvetage, près de la cité Napoléon, et eux-mêmes ne durent leur salut qu'au hasard providentiel qui avait amené sur le lieu du sinistre un second bateau.

— Parmi les travailleurs qui cherchaient à maintenir les digues ou qui dirigeaient le cours de l'inondation, toutes les classes de la société étaient confondues de jour et de nuit. L'égalité du travail et du salaire fut cette fois établie d'une manière incontestable.

Ici c'est un homme qui plonge à trois reprises dans les plaines du Prado, au centre même du gouffre, et trois fois il sauve une nouvelle victime; puis, après cet acte de courage accompli, il se retire, refusant de dire son nom à ceux qui l'entourent et le félicitent. Là un jeune ouvrier sauve, dans son bateau, trois personnes au moment où leur habitation s'affaissait. Deux d'entre elles, s'étant jetées hors de la barque pour éviter le choc des matériaux qui s'abattaient, il les arrache encore une fois à la mort.

— Le 31 mai, une petite maison habitée s'écroule dans le voisinage des rues Chabrol et Félissent. Plusieurs personnes sont ensevelies sous les décombres. Une jeune fille et une femme âgée, toutes deux en proie à une terreur inexprimable, sont ramenées au débarcadère de la place du Pont. Mais on ne peut réussir à retrouver une jeune enfant qui se trouvait avec elles dans cette masure.

— Dans le troisième arrondissement, tous les corps constitués, M. le maire en tête; les adjoints, M. Combes, notamment; les commissaires de police, les sergents de ville, les pompiers, les mariniers, les *modères*, etc., ont été admirables. Pendant plus de quarante-huit heures, ces courageux citoyens ont été sur pied, se prodiguant partout où il y avait des dangers à prévenir, des sauvetages à effectuer, des secours à donner, des consolations à prodiguer.

— Le 31 mai, à une heure, lorsque le chemin de ceinture creva sous l'effort des eaux, un enfant de trois ou quatre ans était resté sur un petit tertre, déjà entouré d'eau. Grâce au dévouement d'un jeune homme qui se jeta au travers des flots, l'enfant fut sauvé.

— Madame Mats, veuve du carrossier de ce nom, demeurant quai Bon-Rencontre, dont les ateliers ont été inondés, après avoir mis en sûreté ses enfants, monte elle-même sur le siége d'une de ses voitures, et, pendant toute la nuit du 30 au 31 mai, opère le sauvetage des malheureux inondés.

— Un bateau de sauvetage chavirait à l'angle de la rue des Passants, où existait un torrent rapide : mariniers et passagers furent précipités dans l'eau. Devant le péril, les spectateurs hésitaient à secourir ces malheureux, lorsque M. Peyre, commissaire de police, se jeta courageusement à l'eau et sauva plusieurs personnes.

— Une barque contenant six militaires sombre dans la plaine du Grand-Camp ; trois hommes se noient.

— De loin en loin, quelques apparitions plus sinistres encore. Sur les ruines d'une maison écroulée et entourée par les eaux de l'inondation, le cadavre d'une pauvre blanchisseuse, engagé à moitié dans les débris, et dont la partie supérieure était maintenue dans une position verticale par les décombres qui l'entouraient. Dans une autre habitation du voisinage, cinq hommes et deux femmes, ensevelis sous les ruines de l'asile où ils s'étaient réfugiés, et dont on apercevait l'extrémité des membres écrasés sous le poids de la charpente et des pierres.

— Un propriétaire de la Part-Dieu, dont la maison

en s'écroulant a enseveli une jeune femme à laquelle il était marié depuis peu, ne résiste pas à son désespoir; il met fin à ses jours en se précipitant dans le Rhône.

— Une femme demeurant sur le quai d'Albret, dont le mari s'était noyé sous ses yeux en voulant porter des secours, se jette d'un quatrième dans la rue.

— A six heures du matin, le 31 mai, l'eau envahit une partie du quartier de la Villette, toutes les maisons sont inondées; les locataires se précipitent aux fenêtres, appelant au secours; mais il n'y a encore aucun moyen de sauvetage organisé. Enfin une barque est apportée sur une charrette. Trois jeunes soldats, Chevalier, Schelle et Pinchot, les deux premiers appartenant au 7e régiment d'artillerie, le troisième maréchal-ferrant au 1er chasseurs, la mettent à l'eau; mais grand est leur embarras; de tous côtés, ce sont des cris de désespoir. Qui sauver d'abord? Les soldats courent au plus pressé : une maison en pisé oscille déjà sur ses fondations; c'est vers elle qu'on dirige la barque; on l'amarre à une fenêtre; cinq personnes y ont déjà pris place, lorsqu'un sixième, en s'élançant, fait chavirer l'embarcation; tous sont précipités à l'eau, et le bateau s'en va à la dérive. Un cri d'horreur est poussé par les spectateurs. Chevalier reparaît le premier; il se dirige à la nage vers un arbre, et là, se débarrassant de ses vêtements qui l'entravent dans ses mouvements, plonge dans l'eau. Alors, secondé par ses deux camarades, on le voit arracher au courant une à une toutes les victimes, qui ensuite se cramponnent comme elles peuvent aux branches des saules bordant la route. Les sauveteurs les déposent un peu partout : cette jeune femme sur un arbre, celui-là sur le pan de mur d'une maison écroulée; un jeune homme est abandonné en attendant mieux sur un soliveau qui lui sert d'appui; cependant des barques arrivent et recueillent tous ces infortunés.

— Dans la rue Béchevelin, à la Guillotière, lorsque les eaux se sont retirées, on a trouvé un malheureux jeune homme qui, entraîné sans doute par la rapidité du tourbillon, avait la tête prise dans l'ouverture d'un égout, de telle façon que le corps avait une position verticale.

— M. Émile Galofre, pharmacien, rue de la Vierge, dont le magasin a été inondé, a, sur les rayons de son laboratoire, découvert le cadavre d'une jeune fille de douze ans, apporté là par le courant. La sœur de cette jeune fille est devenue folle de désespoir.

— Lors de la rupture du chemin de ronde, tandis que dans la rue Masséna, non remblayée, l'eau se précipitait furieuse et formant une large cataracte qui bondissait en mugissant, l'alarme se répandait partout avec une rapidité qui semblait suivre l'élément destructeur. Les petites sœurs des pauvres, avec tout leur personnel de vieillards des deux sexes, furent transportées sur des fourgons à l'Hôtel-Dieu. Tous n'avaient rien mangé depuis plus de trente-six heures. Les directeurs de la maison du Saint-Enfant-Jésus prirent leurs enfants sur le dos et les sauvèrent ainsi un à un. Pour les infirmes, il fallut faire des radeaux, y étendre des matelas, les coucher dessus, puis naviguer vers le port. Un des frères retourna dans l'eau chercher le saint sacrement et le porta dans une maison sur la place Louis XVI. Les capucins se multipliaient pour porter des secours à travers les chemins et les jardins couverts par les eaux.

— Dans les groupes d'inondés qui passèrent la nuit sur les cours Morand et de Brosses, à côté de quelques effets qu'ils avaient sauvés, des femmes cherchaient leurs maris, leurs enfants: ceux-ci appelaient leurs mères. Tous exprimaient, par leurs regards et leur attitude, la plus poignante désolation. Une femme circulait, serrant sur son sein un enfant au maillot; ce n'était pas le sien. On le lui avait donné à garder, et elle cherchait à retrouver ses parents qui en avaient été séparés.

— M. X..., employé supérieur d'administration, dont la famille habite pendant l'été une maison située aux Charpennes, avait, pendant toute la nuit du 30 au 31 mai, travaillé à la consolidation de la digue : lorsqu'elle se rompt tout à coup, M. X... s'empare d'un bateau et se dirige vers la maison où se trouve toute sa famille, sauve sa mère et ses deux plus jeunes enfants. Mais, tandis qu'il les conduit en lieu sûr, l'inondation fait de nouveaux ravages : des maisons se sont écroulées, et, pendant deux heures, le malheureux père lutte vainement pour atteindre sa villa qui renferme encore sa femme et sa fille. Il faut renoncer à peindre son désespoir. Les deux femmes sont parvevenues à se hisser sur un arbre; elles lui tendent les bras en l'appelant; mais chaque mouvement imprimé au bateau pour le faire avancer le fait heurter à un mur caché dans l'eau et le repousse en arrière. M. X... amarre son embarcation à un tronc d'arbre, se jette dans les flots et atteint bientôt l'arbre sur lequel se sont réfugiées les deux femmes. Alors se passe une scène que la plume ne peut rendre : M. X... ne peut sauver qu'une personne, et la mère et la fille veulent chacune céder sa place à l'autre; les moments sont précieux; l'arbre craque; quelques instants encore et il va se briser. Pendant cette lutte de dévouement héroïque, M. X... aperçoit une barque montée par des pontonniers, pousse des cris désespérés; il est entendu, et bientôt cette mère et cette fille, si dignes l'une de l'autre, serrent dans leurs bras les parents qu'elles n'espéraient plus revoir.

— Le nommé L'Hermoyé, tambour au 92e de ligne, monté sur une barque qu'il conduisait lui-même, se multipliait sans cesse et travaillait avec ardeur pour transporter sur la rive des malheureux habitants qu'il allait chercher dans leurs maisons envahies par le fléau. Au pied des remparts du fort de Villeurbanne, deux hommes cherchaient à gagner un terrain plus solide en cheminant sur un remblai plongé dans l'eau et déjà miné; au bout de quelques pas, le sol s'affaissa sous leurs pieds, ils roulèrent dans les flots ; L'Hermoyé, dont la barque était inoccupée en ce moment, se jeta dans le torrent, dont l'impétuosité faillit l'emporter lui-même; il parvint cependant à saisir les deux hommes, et les ramena sur le bord en nageant, après quoi il reprit son travail de sauvetage ordinaire. Quelques heures après, conduisant sa barque chargée presque entièrement de femmes et d'enfants, il aperçut un malheureux qui essayait de se soutenir sur l'eau au moyen d'un cordage transversal attaché aux deux rives par ses extrémités, quand la rapidité du courant l'entraîna soudain et le fit disparaître. Trois hommes s'élancèrent aussitôt à son secours; mais ils n'étaient pas assez bons nageurs pour lutter contre le torrent ; ils disparurent également. L'Hermoyé, qui avait attendu le moment d'utiliser son courage, confiant alors sa barque à d'autres soins, s'élança à son tour et ramena successivement à terre les trois derniers; quant au premier, il le chercha en vain en plongeant à plusieurs reprises, il ne put le sauver.

Mais le dernier acte qui signale une journée si bien remplie mérite une mention toute particulière. Toujours avec sa barque, il passait près d'une maison entourée d'eau de toutes parts et menaçant ruine ; il s'y trouvait encore un vieillard qui appelait vers lui cette barque libératrice ; mais la hauteur des fenêtres où il était placé ne lui permettait pas de descendre.

L'Hermoyé n'eut qu'un seul parti à prendre, la

maison tremblait, il n'hésita pas. Abandonnant son bateau, il eut bientôt grimpé et pénétré dans la maison ; le vieillard tenait encore à ses meubles qu'il eût voulu sauver avant lui ; le tambour, l'arrachant à l'objet de ses regrets, le saisit et s'élance avec lui dans l'eau. Les deux corps disparurent, mais pour reparaître presque aussitôt.

L'Hermoyé, excellent nageur, comme on l'a vu du reste, tenait d'une main son fardeau, qu'il put remorquer ainsi, jusqu'à ce qu'il fût parvenu à le déposer dans sa barque. C'est à ce moment que la maison s'écroulait avec fracas et disparaissait elle-même sous les flots.

L'Hermoyé avait bien travaillé ; c'est après dix-huit heures d'efforts et de peine qu'il regagna sa caserne.

Certes, si quelque chose pouvait consoler, après un tel cataclysme, s'il restait dans le cœur des victimes que le fléau avait frappés quelque germe d'espérance, la vue de ces actes de dévouement, d'intrépidité, qui se révélaient sur tous les points et sur tous les lieux, la conviction d'être secourus par un suprême élan de la charité publique, qui se réveille toujours au moment propice, étaient faits pour rassurer les consciences. Pas un blasphème ne s'échappait des bouches; une morne résignation planait sur les fronts comme un voile de deuil ; et si on levait les yeux au ciel, c'était pour implorer sa clémence et non pour insulter à ses rigueurs.

On bivaquait sur la voie publique; les infortunés ne pouvaient se décider à quitter les lieux qu'ils avaient habités. Le plus grand ordre, si l'on peut s'exprimer ainsi, régnait au milieu du désordre. A mesure que l'eau se retirait, par le fait de la baisse rapide du fleuve, ou au moyen des tranchées que les soldats pratiquaient sur tous les points, les curieux arrivaient avec empressement pour vérifier la physionomie étrange des maisons démolies, qui paraissaient avoir été tordues et changées de place. Au milieu de cette désolation, on voyait de pauvres femmes accroupies avec leurs enfants; mais pas une larme, pas un sanglot, pas une main tendue pour demander l'aumône.

Beaucoup de petits chefs d'ateliers, ayant tout perdu, ne pouvaient pas même solder les journées arriérées de leurs ouvriers. Ceux-ci ne les aidaient pas moins à sauver les débris de leurs ateliers. Les pauvres trouvent ainsi moyen de faire largement la charité. Ne pouvant contribuer pécuniairement à cet impôt prélevé sur la charité publique, ils offrent leurs bras; au lieu de donner une pièce d'or, ils exposent leur vie; rien ne leur coûte dans le danger; ils sont héroïques, magnanimes, désintéressés. Et à ce propos voici un épisode :

Une vieille femme s'est trouvée sur le passage de l'Empereur; elle voulait voir le sauveur de la France;

elle y a réussi ; et, comme toutes les personnes qui se trouvaient à côté d'elle, elle a reçu trois pièces d'or. L'Empereur les lui a mises dans la main. Aussitôt elle fait part de son aventure à un groupe d'ouvriers occupés à déblayer une maison. La pauvresse est toute joyeuse ; elle a touché la main de l'Empereur ; elle montre avec extase les trois joujoux dorés qu'elle a reçus. « L'Empereur vous a prise pour une inondée, » lui dit un des ouvriers. « Dans ce cas, répond la vieille femme toute stupéfaite, cet or n'est pas pour moi ; notre échoppe est debout, Dieu merci ! » Et spontanément elle remet la somme à une famille de malheureux que l'inondation a ruinée.

Certes, la ville de Lyon passe à bon droit pour compatir avec une grande spontanéité à toutes les souffrances publiques. La générosité des Lyonnais est un fait authentiquement prouvé, et ils ouvrent volontiers leur bourse quand il y a une infortune à secourir. Néanmoins on n'aurait pu s'attendre à cet élan suprême et unanime de sacrifices que toutes les classes se sont imposés. Riches et pauvres ont lutté de générosité. Les listes de souscription ont été couvertes avec une promptitude dont on n'a pas l'idée. Les vieillards, les ouvriers, les malades, les enfants eux-mêmes, voulaient apporter leur obole.

Après l'Empereur, qui s'était fait inscrire pour cent mille francs en tête de la première liste de souscription ouverte sous ses auspices, le conseil municipal, se conformant à une pensée dont l'inspiration venait du chef de l'État, affecta en secours aux inondés les trente mille francs votés pour célébrer le baptême du Prince Impérial.

Vint ensuite :

	La Chambre de commerce, qui s'inscrivit pour. .	20,000 fr.
	La Compagnie des agents de change donna . . .	10,000
MM.	Waïsse, administrateur du département.	5,000
	Étienne Gauthier	5,000
	Veuve Morin Pons et Comp.	5,000
	P. Galtine et Comp.	5,000
	Veuve Guérin et fils.	5,000
	Lœschigk Wesendonez et Comp.	5,000
	De Soultrait.	3,000
	Droche, Robin et Comp.	3,000
	Le consul général de Sardaigne.	3,000
	Durand frères.	2,000
	Samuel Debar	2,000
	Arlès-Dufour.	2,000

Tous les grands fabricants de Lyon, les notabilités du clergé, de la finance, du commerce, de la magistrature, tous les hauts fonctionnaires, etc., contribuèrent spontanément à grossir la somme des souscriptions par d'importantes offrandes.

Non content d'avoir payé de sa personne, d'avoir concouru par des dons en nature et en espèces au soulagement des inondés, Mgr le cardinal-archevêque de Lyon offrit son palais à ceux qui n'avaient pas d'asile.

Cet exemple fut vite imité par les directeurs des

divers établissements consacrés aux pratiques du culte.

Au nombre des communautés religieuses qui se sont mises à la disposition des inondés, les ont recueillis dans leurs sanctuaires, transformant en hôpitaux leurs dortoirs, leurs chapelles, il faut citer les sœurs de Saint-François d'Assise, qui ont lutté de prévénances, d'attentions et de soins auprès des malheureux pour soulager leurs souffrances et les consoler.

Tous les corps administratifs, les autorités civiles et militaires, le clergé, les notabilités de la bourgeoisie et du commerce ont d'ailleurs fait leur devoir avec une rare vaillance. On a vu plus haut que toutes les ressources dont pouvait disposer M. le maréchal de Castellane, il les avait employées pour arrêter les progrès de l'inondation, dirigeant lui-même les manœuvres et exposant sa vie en tête de ses braves soldats. On doit à l'armée les plus vifs éloges pour l'héroïsme dont elle a donné de si grandes preuves dans cette nouvelle occasion, et l'on peut dire que, n'eût été le zèle dont tous les militaires étaient animés pour exécuter des travaux ordonnés par le corps du génie, Lyon aurait souffert de ravages bien autrement regrettables.

La bienfaisance éclatait de toutes parts, sous des formes nouvelles et variées.

Ainsi plusieurs fabricants de tulles, de rubans et de soieries, entre autres MM. Durand et Jullien, fabricants de tulles bobins, aux Brotteaux, ayant eu une partie de leur établissement renversé par l'inondation, et tous leurs métiers fort endommagés, ont toutefois réuni leurs ouvriers et leur ont annoncé qu'en attendant de pouvoir reprendre leurs travaux ils recevraient 2 francs par jour. Cette décision a été accueillie avec les sentiments de la plus vive reconnaissance par les ouvriers en faveur de qui elle était prise.

M. Duclos, brasseur, mit à la disposition de l'administration locale son vaste établissement, pour y recueillir les inondés sans asile. M. Duclos a nourri et couché, pendant la nuit du 1er au 2 juin, près de cinq cents de ces malheureux.

Plusieurs ouvriers en soie des Charpennes, oubliant le malheur qui les frappait, pour ne songer qu'aux intérêts du fabricant pour lequel ils travaillaient, avant de sauver leur ménage se sont d'abord occupés d'opérer le sauvetage des pièces qu'ils avaient sur leur métier.

Dans la soirée du 3 juin, des personnes charitables, faisant une quête pour les inondés, pénétrèrent dans une mansarde, et se trouvèrent en présence d'un moribond auquel un prêtre administrait les derniers sacrements. Comme les quêteurs allaient se retirer : « Mon père, dit le malade, donnez mes vêtements, ils serviront à quelques inondés; pour moi, je n'en ai plus besoin. » L'infortuné disait vrai : retombant sur son oreiller et épuisé par ces quelques mots, il expira.

A l'occasion de son voyage à Lyon, S. M. l'Empereur avait remis à l'administration du chemin de de fer de Paris à Lyon une somme de mille francs, pour être distribuée entre les différents employés qui avaient fait le service de son train. Les employés entre lesquels la somme était partagée résolurent aussitôt de la consacrer à secourir les inondés, et un billet de mille francs fut remis en leur nom à la caisse du journal le *Salut public*.

Dans toutes les mairies on avait organisé dès les premiers désastres des distributions de vivres et d'argent au profit des inondés qui venaient réclamer des secours.

Du reste, les personnes charitables disputaient à l'administration le soin de distribuer du pain à tous les malheureux sans asile ; des femmes portaient des bouillons aux malades, d'autres transformaient leur appartement en hôpital et y installaient des lits : ainsi que le Monument, les églises de la Guillotière et des Brotteaux ont servi d'asile à des milliers d'inondés ; à Saint-Pothin il y avait huit cents personnes dans l'église quand l'eau est arrivée ; on les a successivement évacuées sans avoir de pertes à regretter.

Le clergé des paroisses de la rive gauche donna les preuves du plus grand zèle, malgré les fatigues inouïes qu'il eut à affronter. Combien de victimes dévouées à la mort furent sauvées par ces dignes ministres du Dieu de charité ! On les voyait partout, munis de cordages ou d'aliments, à la recherche de ceux que le danger ou la faim assiégeaient. Jusqu'aux limites de Venissieu, ils allèrent, dans des barques fragiles, porter l'espoir et des consolations à leurs paroissiens que les flots tenaient prisonniers.

Malgré les rigoles et les tranchées innombrables que le génie et la voirie faisaient creuser dans tous les sens, les eaux s'écoulaient avec une lenteur désespérante des quartiers inondés, notamment sur la rive gauche du Rhône. Cependant, vers le 4 juin, on pouvait circuler plus librement à travers la majeure partie de cette vaste ruine ; mais il n'était pas de rue, de ruelle, de place, de sentier, où l'on ne fût arrêté pour ainsi dire tous les vingt pas à peu près par une avalanche de matériaux informes, ou au moins par les débris d'une clôture. On trouvait des maisons couchées dans tous les sens, suivant les capricieuses directions de l'ouragan des eaux. Ici, c'était un bâtiment que l'on croyait intact et dont les murs restaient debout. A l'intérieur, tous les planchers et souvent la toiture elle-même jonchaient le sol. Ailleurs l'eau avait déchaussé et mis à jour les parties inférieures d'une construction pour se frayer un passage, tandis que la partie supérieure se maintenait dans le même état d'équilibre qu'auparavant.

Des appartements, partagés par le milieu, laissaient voir quelquefois à la hauteur d'un troisième des objets mobiliers, des ustensiles de cuisine, des métiers,

5.

des rideaux d'alcôve et de fenêtre, des vêtements d'hommes et de femmes accrochés aux fenêtres, tout cela disposé comme si l'infortuné propriétaire allait rentrer pour s'en servir. Sur le sol, c'était une mare fétide et boueuse, où se mélangeaient les détritus du fleuve et les débris des ménages dispersés par le torrent destructeur. Et dans les bas-fonds de ces petites maisons, de ces baraques, de ces taudis qui peuplaient certains quartiers, on avait le repoussant spectacle d'une onde noire et fangeuse dans laquelle pourrissaient des chiffons hideux.

Le long des chemins, au dedans des clôtures et des chantiers, tout était bouleversé. D'énormes tas de planches et de bois à brûler ou à construire, renversés, dispersés, enchevêtrés de la façon la plus bizarre, s'étalaient avec ce désordre que le vent met dans la paille ou les feuilles mortes quand il les emporte en tourbillons. De lourdes charrettes, prêtes à être conduites à destination avec leur chargement, avaient été poussées comme de légers fardeaux.

Dans les entrepôts, les marchandises, les caisses, les vases, les tonneaux, les bureaux, flottaient pêle-mêle à côté de chars de campagne que le courant avait amenés on ne sait d'où, mais en tout cas de fort loin, à en juger par leurs formes agrestes.

Assurément, les convulsions de la nature et des éléments sont effrayantes ; elles anéantissent pour ainsi dire les facultés de l'esprit ; ce n'est rien toutefois en face des douleurs, des misères, des souffrances indicibles dont elles couvrent un pays tout entier, et qui brisent les ressorts de l'âme la plus forte ou du corps le plus aguerri. Aussi des soldats s'écriaient-ils au milieu du cataclysme, accablés moins encore par le poids de la fatigue que par l'horreur du drame : « Nous regrettons les tranchées de Sébastopol. »

Les rues étaient bordées de monceaux de meubles et d'outils, de linges et de hardes, brisés, souillés, que les malheureux habitants arrachaient des ruines par fragments et par lambeaux pour les faire sécher. Eux-mêmes étaient parqués au milieu de leurs effets, faisant cuire quelques aliments sur des feux improvisés en plein air, et couchant sur des tables, sur des bancs, des paillasses humides. Quelques-uns se mettaient avec énergie à débrouiller le chaos semé autour d'eux; d'autres paraissaient démoralisés ; ils pleuraient ou regardaient fixement d'un œil sec et hébété. Des vêtements en lambeaux ou souillés d'une boue liquide les défendaient mal contre l'humidité du sol ou la fraîcheur malsaine des nuits. Quelques femmes portaient des enfants suspendus à leurs mamelles et n'avaient à leur donner qu'un lait appauvri par des souffrances de toute sorte. La foule des curieux circulait dans ce dédale de misères morales et matérielles; elle s'y perdait, et quand elle trouvait une issue, elle sortait triste, morne, silencieuse et navrée.

De même que les corbeaux se précipitent avec rapacité sur les champs de bataille pour puiser leur vie dans les chairs entr'ouvertes des blessures, pour achever de leurs becs crochus les douleurs des mourants; de même, dans toutes les grandes catastrophes, quelques oiseaux de proie de la famille humaine accourent alléchés par l'odeur du pillage. A Lyon, ces tristes exemples ont été fort rares; il s'est rencontré de part et d'autre certaines natures éhontées et cyniques, qui n'ont pas craint de ramasser à leur profit les épaves de l'inondation; mais presque toujours un témoin les a signalées à la vindicte publique, et le châtiment suivait de près le crime. Ces misérables étaient aussitôt attachés à des poteaux, exposés à l'endroit le plus visible et portaient autour du cou un écriteau où, en grosses lettres, une main vengeresse, avait tracé ces mots : *Voleurs des inondés*.

Rien à ajouter aux détails qui précèdent sur les débordements de la Saône et du Rhône à Lyon. A mesure que les eaux rentraient dans leurs limites naturelles, l'élan donné à la charité publique se généralisa davantage. Toutes les autres villes de France, jusqu'aux plus humbles bourgades, répondirent, de leur côté, à l'appel suprême des victimes; et ce fut, sur tous les points, une émulation de sacrifices volontaires qui donne une haute idée du caractère national. Paris surtout se distingua dans cette lutte glorieuse. Nous savons tous avec quelle effervescence on signa les listes de souscription. Le conseil municipal de Paris, en votant les fonds destinés à la célébration du baptême impérial, consacra cent mille francs au soulagement des inondés. Toutes les compagnies des chemins de fer réunies mirent à la disposition de M. le préfet de police une somme de deux cent mille francs, indépendante des souscriptions de chacune de ces compagnies. L'offrande des artistes dramatiques, jointe au produit d'une représentation que chaque théâtre donna au bénéfice des inondés, forma aussitôt un contingent considérable; et combien d'autres actes qui devraient être consignés à cette place! Mais revenons au voyage de l'Empereur.

Pour se faire une idée exacte de la satisfaction immense qui éclata comme une traînée de poudre dans les contrées que traversa l'Empereur, de Lyon à Arles, notamment dans quelques petites villes de la Drôme et de l'Isère qui n'avaient pu être prévenues de son arrivée, il faut se reporter aux tristes événements dont ces campagnes et ces villes venaient d'être le théâtre. L'enthousiasme naïf de ces populations, dans les conditions désespérées où venaient les surprendre les bienfaits de l'Empereur, ces ovations d'un genre nouveau qu'elles improvisèrent pour remercier le chef de l'État, la spontanéité de cette allégresse, d'autant plus vive qu'elle succédait à une douleur suprême, n'ont point de précédents historiques. Non pas que jamais il n'y ait eu marche de souverain plus triomphale et plus acclamée; mais, à aucune époque, le sentiment d'affection et de reconnaissance ne se révéla avec plus de sincérité; jamais la mutualité morale ne fut mieux établie entre un souverain et ses sujets. A Lyon, l'Empereur avait enlevé la conquête de l'ouvrier; dans le parcours de Lyon à Arles, Sa Majesté devait rallier autour d'elle des sympathies d'un autre ordre; elle allait conquérir un nouveau peuple, c'est-à-dire cimenter d'une façon plus intime son union avec le peuple des campagnes, cette partie de la nation qui n'avait encore pu approcher la personne de l'Empereur, et qui ne connaissait de lui que sa souveraineté et son génie, sans se douter des qualités morales et personnelles de l'homme, qui sont la charité, la bonté, la sympathie pour toutes les souffrances.

De Vienne à Valence, l'Empereur voulut s'arrêter dans les villes qui avaient le plus souffert. Il remit pour les victimes de l'inondation, à Vienne, dix mille francs; aux Roches de Condrieu, deux mille francs; à Tain, cinq mille; à Tournon, deux mille; à Valence, vingt mille. Dans cette dernière ville, Sa Majesté remit en outre vingt mille francs au préfet de la Drôme, pour être répartis sur toutes les infortunes du département, comme s'il eût craint de ne pas avoir assez fait, et d'avoir oublié dans son parcours quelque commune méritant au même titre que les précédentes lés effets de sa générosité.

Dans le département de la Drôme, tels furent à peu près la marche et les désastres de l'inondation :

Le 30 mai, vers sept heures du soir, le Rhône dépassait à Valence le milieu atteint par l'inondation de 1840. La population entière, en proie aux plus vives angoisses, descendait par la route du pont pour contempler le spectacle d'immense désolation que présentait le fleuve roulant ses eaux bourbeuses agitées comme les vagues de la mer et toujours de plus en plus menaçantes. On ferma les grilles du pont; les flots du Rhône mugissaient avec une effrayante fureur autour de la pile centrale. Sur la rive droite, le Rhône traversait la route de Saint-Péray et s'y étendait sur une largeur de soixante mètres. Des localités environnantes arrivaient à chaque instant les plus affligeantes nouvelles. La digue qui unit le pont de l'Isère au viaduc du chemin de fer sur la rive droite de la rivière avait été coupée. Les eaux se précipitaient dans les terres sur une vaste étendue. On raconte à ce propos le fait suivant :

Une ferme est envahie, les eaux montent jusqu'au premier étage; il y avait là plusieurs personnes en danger de périr. Quelques hommes intrépides se dévouent et, montés sur deux barques, s'élancent sur cette mer improvisée, semée de courants et d'écueils. Ils parviennent à la ferme; on leur remet un petit enfant et sa nourrice; mais le père et la mère refusent obstinément de quitter leur demeure, qui avait déjà disparu à moitié sous les eaux. Toutes instances sont vaines, et, devant ce stupide entêtement que rien ne peut vaincre, on est obligé d'abandonner ces malheureux au sort qui les menace, en ayant soin, toutefois, par pitié pour eux, de leur laisser une des barques sur lesquelles on était venu pour les sauver.

Cependant, à mesure que la nuit avançait, les catastrophes se suivaient avec une terrible rapidité. Le pont de la Roche-de-Glun et celui du Pouzin étaient tournés par le fleuve; le pont du Pouzin courait surtout un grave danger, car les digues qui le protégeaient en amont et en aval sur la rive gauche ayant été coupées, on ne pouvait s'en approcher pour le garantir par des travaux de fortification. Il en était de même du pont de Theil, tourné par les eaux sur les deux rives. Grâce au dévouement de cent cinquante artilleurs du 15e d'artillerie, envoyés à l'Isère, et qui travaillèrent pendant plusieurs heures le corps dans l'eau jusqu'à la ceinture, et à l'habile direction donnée à leurs travaux par MM. Peloux et Molard, le pont de l'Isère et le viaduc du chemin de fer furent mis à l'abri de tout danger.

Restaient deux autres ponts, celui de Rochemaure et celui de Donzère. Ils furent emportés l'un et l'autre à quelques heures de distance. La destruction du pont de Rochemaure a eu pour cause l'affaissement des culées. M. Privat, maire de la commune, l'un des plus forts actionnaires du pont, se trouvait dessus au moment de la rupture. L'infortuné maire fut englouti au milieu des décombres, et son cadavre, entraîné par le courant, ne put même être retrouvé. Cet affreux événement a produit à Rochemaure la plus pénible impression.

Quant au pont de la Donzère, sa destruction fut occasionnée par la rupture de la magnifique digue dite du Bayard. Cette digue ayant été rompue sur une longueur de plus de cent mètres, ses ruines vinrent se jeter sur les piles du pont, qui fut littéralement rasé.

Avec la nuit, le spectacle de l'inondation avait pris un aspect sinistre qui glaçait d'effroi. Dans Valence, la foule continuait à stationner aux abords du pont. les habitants de la basse ville quittaient en toute hâte leurs demeures. On plaçait des lanternes dans toutes les rues submergées; d'autres feux couraient sur l'eau, suspendus aux barques de sauvetage. Sur tous les points on organisait des secours, sous la direction du préfet et des autorités.

Le lendemain, 31 mai, la situation s'offrit encore plus terrible. Un fort courant s'était établi à Valence, dans la rue Notre-Dame-de-Soyons, et en rendait l'accès et la circulation presque impossibles; ce n'était qu'avec beaucoup de peine qu'on pouvait faire parvenir, aux personnes qui n'avaient point voulu quitter leurs demeures, les subsistances dont elles avaient besoin. En face de Soyons, une forte ferme fut renversée par les eaux, qui emportèrent même le terrain sur lequel elle était bâtie. De courageux mariniers portaient vivres et secours là où le besoin et le danger pressaient le plus. Tout le monde était sur pied. M. Tavernier, ingénieur de la navigation du Rhône, qui s'était rendu de Lyon à Valence pour vérifier le dommage causé aux endiguements du fleuve, faillit périr en voulant diriger lui-même les travaux. Un épi, situé en amont du bourg de Valence et qui protégeait une partie considérable du territoire de cette commune, avait été coupé. De nombreux artilleurs travaillaient depuis plusieurs heures, au milieu des eaux, à combler la brèche, et ne pouvaient y parvenir. M. Tavernier monta sur un frêle batelet pour pouvoir à son gré diriger les manœuvres; mais son embarcation alla se heurter contre une autre montée par des soldats; le choc les fit sombrer et disparaître l'une et l'autre. L'ingénieur en chef de la navigation et les soldats eurent grand'peine à trouver un point de refuge où ils pussent se tenir en partie hors de l'eau ; il leur fallut attendre pendant deux heures que des barques vinssent du bourg, en remontant la rive du fleuve, les arracher à leur triste position.

Sur le quai même de Valence, près de la maison Léotard, les eaux avaient pratiqué un affouillement considérable qui menaçait le quai et les maisons qu'il protégeait. Ce grave danger fut conjuré par des travaux exécutés en toute hâte par des mariniers sous la direction de M. Lallier, adjoint, et de M. Chauffeur fils, architecte de la ville.

Au delà du pont, la maison Morgue était menacée par des affouillements pratiqués par le courant qui traversait la route de Saint-Peray. Quelques travaux exécutés par des hommes de bonne volonté, qui ne manquaient nulle part, la mirent à l'abri de tout danger. Dans cette terrible calamité, et tandis que la basse ville était toujours envahie par les eaux, les autorités de Valence ne se bornaient pas à prendre toutes les précautions pour sauvegarder les propriétés publiques et privées, et contenir l'impétuosité des eaux; elles opéraient en outre, au profit des indigents et des victimes isolées dans l'intérieur des habitations, une distribution régulière de vivres préparés par le fourneau alimentaire. Les sœurs de charité, le président de la conférence de Saint-Vincent de Paul, le commissaire de police et ses subordonnés veillaient avec un rare dévouement à l'entretien et au soulagement des malheureux inondés. Il faut signaler encore à la reconnaissance publique M. Delon, ingénieur, et tous les employés des ponts et chaussées, les soldats du 15e d'artillerie et ceux des divers corps d'infanterie en garnison ou de passage à Valence, les mariniers du Bourget, ceux du port de Valence, dont plusieurs ont fait preuve du courage le plus héroïque.

Voici un trait entre une foule d'autres :

Le 31 mai, à midi, on aperçut un signal de détresse hissé sur une maison située sur la rive droite du Rhône, à un kilomètre du port de Valence. Le fleuve était alors dans toute sa force et sa fureur. Trois hommes intrépides montent sur une frêle embarcation ; ce sont les nommés Buffa, canotier de la navigation, qui déjà, le matin, aux Granges, avait retiré plusieurs personnes de maisons cernées et envahies par les eaux ; Mège et Clausel, mariniers connus par leur dévouement et leur courage.

Ces braves gens, tranquilles comme s'ils allaient à une fête, lancent leur canot au milieu des vagues; la foule des spectateurs les suit des yeux avec une émotion indicible. Arrivés au milieu de leur course, ils veulent couper le courant; un instant ils disparaissent à tous les regards; un cri d'effroi s'échappe de plusieurs poitrines. Le vénérable évêque de Valence était à ce moment sur le pont, et on le voyait prier pour ces hommes intrépides, qui, heureusement, reparurent bientôt de l'autre côté du terrible courant, ramant vers la maison menacée, qu'ils atteignaient peu après, et où ils eurent le bonheur de sauver plusieurs personnes.

Au nord de Valence, toutes les localités situées sur les bords du Rhône, les deux routes impériales, les terres submersibles, étaient envahies sur une immense étendue; le chemin de fer était coupé deux fois, entre Vaugris et Vienne, entre Vienne et Estrassins.

D'un autre côté, le pont du Theil étant inabordable, toutes communications avec l'Ardèche demeuraient impossibles.

A Tain, les dommages atteignaient toutes les propriétés; la ville entière était plongée dans l'eau jusqu'à une grande hauteur. De Tournon, de Romans et de quelques localités voisines on apportait des vivres aux habitants de Tain, refugiés dans leurs greniers.

A Tournon, le courant qui traversait avec violence le parc du Lycée ne fit pas le mal qu'on redoutait pour ce magnifique établissement; cependant l'inondation s'était propagée dans la contrée avec la même violence qu'aux époques les plus néfastes.

Le mur qui séparait le jardin du lycée de la voie publique s'était écroulé, fort heureusement un second mur, qui défendait l'établissement contre les invasions du Rhône, n'avait éprouvé aucune avarie. Il est vrai d'ajouter que les travaux provisoires destinés à protéger les points menacés avaient été exécutés avec un zèle admirable par les ouvriers de la localité, auxquels était venu s'adjoindre un détachement du 26e de ligne.

Entre la commune du Pouzin et celle du Theil, par Baix, Cruas et Rochemaure, la plaine était envahie par les eaux jusqu'à une hauteur considérable.

D'Étoile à Montélimart, les plaines riveraines du Rhône ne formaient presque sans interruption qu'un vaste lac. Dès ce moment, on prévoyait ce que la suite a d'ailleurs justifié, la perte, faute de nourriture, des nombreuses éducations de vers à soie, qui sont l'une des richesses de ce beau pays.

Ancône, village situé à trois ou quatre kilomètres de Montélimart, sur les bords du fleuve, était entouré d'eau de toute part, comme une île. Les communications ordinaires d'Ancône à Montélimart se trouvant ainsi complétement interrompues, les autorités de ce dernier endroit envoyaient à leurs malheureux voisins les aliments devenus indispensables dans des bateaux improvisés tout exprès.

Il est peu de communes qui aient plus souffert que celle de Condrieu. Le Rhône, en sortant de la plaine d'Ampuis, environnait d'un immense demi-cercle les terrains dépendants de cette localité qu'une seule digue protégeait; il se précipitait dans les champs pardessus la levée, les couvrant de ses eaux fangeuses et détruisant toutes les espérances des cultivateurs. Le fleuve avait déjà envahi les deux faubourgs s'étendant sur ses rives et chassé les habitants de leurs maisons submergées, lorsque les petits ruisseaux, transformés en torrents par des pluies incessantes, s'ouvrirent une route nouvelle au travers des vignes, ravageant ces collines jadis la richesse et la gloire du pays, entraînant tout sur leur passage. Pourtant, grâce au dévouement des mariniers, on n'eut à déplorer la mort de personne.

Le département de l'Isère ne fut pas épargné davantage par le fléau destructeur.

Dans la journée du 29 mai, la population de Grenoble avait déjà constaté une élévation de plus d'un mètre au-dessus de l'étiage; mais, la pluie étant tombée sans interruption du 29 au 30, vers sept heures du matin la rivière avait atteint 3 mètres, et malheureusement elle ne devait point s'arrêter là. Le 31, à midi, elle atteignait 5 mètres 80 et dépassait de 40 centimètres la limite de son élévation en 1840; enfin de dix heures du soir à minuit, elle monta jusqu'à 4 mètres au-dessus de l'étiage c'est-à-dire 15 centimètres de plus qu'en 1816.

Cette contrée, dont les quatre ou cinq cours d'eau qui l'arrosent font la richesse dans les temps ordinaires, devait subir en quelques heures la transformation la plus attristante. Les moindres ruisseaux, gonflés par les pluies, devenaient des torrents, élargissaient par l'impulsion violente du courant leurs lits naturels, plus souvent rompaient les digues et s'étendaient dans la campagne en nappes jaunâtres et destructives.

C'est ainsi que l'Isère, la Romanche, la Bourbre, le Drac, pour ne prendre que les cours d'eau les plus importants, s'élevèrent à un niveau qu'ils n'avaient pas atteint depuis près d'un siècle et firent partout d'affreux ravages.

L'immense et magnifique plaine du Grésivaudan, couverte de riches et abondantes récoltes, fut submergée en quelques moments et devint un lac tumultueux où surnageaient les toits des fermes et les troncs déracinés.

Les efforts désespérés des populations et des troupes, sous la direction de l'autorité et des ingénieurs, étaient presque partout impuissants à résister à l'envahissement des eaux. De tous côtés, on entendait des cris de terreur et de détresse, auxquels se mêlait le bruit du tocsin qui sonnait dans toutes les églises pour implorer du secours.

La ferme-école de Saint-Robert fut totalement envahie par les eaux; à Fontenil, elles se précipitaient dans les maisons jusqu'à la hauteur du premier étage. Les malheureux habitants étaient obligés de se réfugier sur les toits et sur les arbres, en attendant que des hommes dévoués allassent les recueillir dans des barques exposées à tout instant à chavirer.

Nous voudrions raconter toutes les intrépidités, tous les actes de courage et d'abnégation que, sous la pression du danger, on a vu se produire dans ces lieux de désolation.

A Sassenage, c'était le curé Biron, accompagné du garde champêtre Micoud et du chef de brigade, qui parvenaient, après une lutte des plus périlleuses, à arracher une famille entière à la mort.

Plus loin, un enfant de quinze ans se précipitait à la nage vers une chaumière que le torrent allait entraîner, et, s'introduisant par la cheminée, parvenait à sauver des eaux un pauvre vieillard qui, en désespoir de cause, s'était cramponné aux poutres brisées de la charpente.

Malheureusement de tels efforts de générosité ne furent pas toujours couronnés de succès. Ainsi, à Chantesse, situé, comme Sassenage, à quelques kilomètres de Grenoble, huit personnes périrent sous les décombres d'une maison écroulée, sans qu'on pût arriver jusqu'à elles.

A Séchilienne, même détresse.

Dans tout son parcours, l'Isère multipliait des scènes de ce genre ; et, d'un autre côté, la Romanche, la Bourbre et autres courants promenaient sur leurs rives, subitement écartées comme celles d'un fleuve, les plus affreuses calamités.

On ne compte pas moins de quinze hameaux qui ont été submergés sur le parcours de la Romanche. La plaine de ce nom, l'une des meilleures terres du pays, fut recouverte d'eau à une hauteur de 1 mètre 50, sur une étendue de plus de huit cents hectares. On aurait pu voir les habitants s'enfuir sur les hauteurs, emportant sur leurs épaules leurs objets les plus précieux, et d'autres, préoccupés seulement de leur conservation personnelle, se réfugier sur les toits les plus élevés ou sur la cime des arbres.

Le 3 juin, six cents de ces malheureux étaient sans asile.

Les autres arrondissements, notamment celui de la Tour-du-Pin, ne furent pas mieux traités.

La Bourbre, en amont de la Tour-du-Pin, ayant rompu ses digues, se frayait un passage à travers la ville, et, dans les rues, les passants avaient de l'eau jusqu'à mi-corps. Plus de trente maisons s'écroulèrent, et, dans beaucoup d'autres, les habitants n'avaient que le temps de s'enfuir à la hâte. Deux malheureux pères de famille, victimes de leur dévouement, succombèrent en cherchant à porter des secours à leurs voisins. Le cadavre de l'un d'eux fut retrouvé deux jours après.

A six kilomètres de la Tour-du-Pin, la commune de Cessieux avait presque disparu sous l'inondation. Il y avait deux mètres d'eau dans les maisons, qui s'écroulaient successivement et semblaient se fondre au premier contact de l'élément destructeur.

Au Bouchage, dans la soirée du 30 mai, on ne voyait que le toit des maisons; les deux tiers n'avaient pu résister à l'action des eaux et étaient entraînées dans les courants. Cent quatre-vingt-six maisons de cette malheureuse commune, dont les habitants, sans asile et sans pain, s'étaient réfugiés à Morestel, avaient disparu.

Le débordement de la rivière rompit toute communication entre la Tour-du-Pin et Bourgoin.

Même spectacle, même désolation dans l'arrondissement de Saint-Marcellin; submersion complète de la plaine de Tullins et de l'Albenc-Chantesse.

Enfin l'inondation détruisit, à Moirans, plus de vingt maisons; mais les habitants avaient pris heureusement toutes leurs précautions pour sauvegarder leurs personnes, sinon leurs biens. Aussi n'eut-on à déplorer aucune mort; seul, un docteur très-renommé dans le pays, M. Aragon, du bourg d'Oisans, périt le 29 mai, en revenant d'une tournée qu'il avait faite dans les montagnes pour visiter des malades.

La nouvelle de l'arrivée de l'Empereur à Valence avait causé une émotion indescriptible.

Le 3 juin, c'était un sentiment universel de gratitude, qui se manifestait avec autant de spontanéité que de franchise et de vivacité, chez les plus indifférents comme chez les plus enthousiastes. Aussi, dès les premières lueurs du jour, la ville tout entière, jusque dans les rues les plus humbles, jusque dans les quartiers inondés, se pavoisait aux couleurs nationales. Le deuil des cœurs avait disparu pour faire place à une profonde reconnaissance, à un bonheur, à une espérance qui chassaient les souvenirs poignants des malheurs que l'auguste souverain venait réparer par sa présence. Bien avant l'heure à laquelle devait arriver l'Empereur, une foule immense avait envahi les abords de la gare, la rue du Débarcadère, le faubourg Saunière, la place Impériale et les rues de la ville que devait suivre l'Empereur pour se rendre à la préfecture.

A neuf heures, les autorités attendaient l'Empereur au débarcadère. Le convoi impérial fut bientôt signalé. Il arriva à la gare de Valence. Sa Majesté s'arrêta pendant un quart d'heure dans le salon d'honneur, où elle reçut les hommages de M. Ferlay, préfet de la Drôme, de M. le préfet de l'Isère, de M. le préfet de l'Ardèche et de M. le maire de Valence. Dans le trajet de la gare à l'hôtel de la préfecture, une immense acclamation, répétée sur tous les points avec le même enthousiasme, salua Sa Majesté. Monté dans la calèche découverte de M. le préfet, l'Empereur traversa l'avenue du débarcadère, le faubourg Saunière, la place Impériale, la rue Neuve, la place Napoléon, la rue Saint-Félix, la grande rue et la rue de la Préfecture. Sa Majesté fut reçue au pied des escaliers de l'hôtel de la préfecture par madame Ferlay, dont il accueillit les salutations par le compliment le plus gracieux. Dans le vestibule, Sa Majesté reçut les hommages de monseigneur l'évêque de Valence et de ses grands vicaires, de M. de Royer, premier président à la cour impériale de Grenoble, et de M. Gaulot, procureur général près la même cour, et enfin de diverses administrations du département.

Sa Majesté se rendit ensuite sur la terrasse de la préfecture pour voir le spectacle désolant de l'inondation. Elle se fit présenter un sous-officier du 15e d'artillerie, qui avait sauvé une famille au pont de l'Isère, et lui remit une médaille. Le maréchal des logis Pajot, était cerné le 1er juin sur l'épi du Pavillon, et pouvait facilement se sauver à la nage ; mais apprenant que deux de ses soldats ne savaient point nager, il répondit à ceux qui l'engageaient à se retirer : « Je reste ici, c'est mon poste, et si le danger de périr arrive, je les sauverai ou je mourrai avec eux. » Nobles paroles que M. Tavernier s'empressa de porter à la connaissance de M. Ferlay, et qui valurent à ce brave militaire l'honneur insigne de recevoir de la main même de l'Empereur la médaille militaire.

Après un entretien assez long avec M. Bérard, préfet de l'Isère, avec M. le préfet de l'Ardèche et M. le préfet de la Drôme, pendant lequel Sa Majesté s'informa, avec la plus sympathique sollicitude, de tous les ravages causés par l'inondation et de tous les désastres auxquels elle avait donné lieu, l'Empereur entra dans ses appartements.

Pendant le déjeuner, M. le colonel de Gaussencourt demanda à Sa Majesté la permission de lui présenter un soldat de notre armée d'Orient, le nommé Rouvère, de Livron, qui s'est signalé à la prise de Malakoff, où il a reçu trois blessures à la suite desquelles il est resté infirme. L'Empereur, dont on connaît la sympathie pour tous les braves, s'écria aussitôt qu'on le fît entrer et lui fit raconter ses faits d'armes de Crimée. Après ce récit, qu'il parut écouter avec beaucoup d'intérêt, l'Empereur, détachant sa propre médaille, en décora la poitrine du brave soldat, dont on devine aisément l'émotion.

Ensuite Sa Majesté mit à la disposition de M. Ferlay une somme de vingt mille francs prise sur sa cassette et destinée à venir en aide aux infortunes les plus pressantes. L'Empereur promit en outre une part sur le premier crédit d'urgence de deux millions qui venait d'être demandé au Corps législatif.

A dix heures trente-cinq minutes, Sa Majesté sortit pour remonter en voiture, et reçut sur son passage le conseil municipal de Valence et les autorités, qui s'étaient empressées d'accourir pour se faire les interprètes auprès de l'Empereur, de la reconnaissance et des remercîments de la population.

De Valence à Avignon, l'enthousiasme, fut partout le même. Les populations, avec les autorités à leur tête, longues processions composées d'individus de tous les sexes et de tous les âges, dans des costumes dont on aurait admiré le caractère pittoresque en toute autre occasion, se portaient en masse, bannières en tête, sur le passage de Sa Majesté.

A Montélimart, l'Empereur remit pour les victimes de l'inondation une somme de quatre mille francs.

A La Palud, où les ravages ont été très-considérables, Sa Majesté a donné cinq mille francs, qui ont été employés aussitôt en distributions de pain, de légumes et de vêtements, ainsi que nous l'écrit M. le maire de cette commune.

Dans sa lettre en date du 11 juin, ce fonctionnaire résume ainsi les désastres qui ont frappé La Palud.

« ..... Les pluies abondantes des quelques jours qui ont précédé le 14 mai dernier, jointes aux fortes eaux dérivant de quelques rivières, et notamment d'une crue de la Saône qui me fut annoncée par une dépêche télégraphique de M. le préfet de Valence, ont causé un tel débordement de ce fleuve, que, le 15, tout le quartier de nos îles était submergé par environ 2 mètres 50 centimètres d'élévation. Ces eaux, rencontrant une petite digue appelée du Duc, se maintinrent dans leur même volume jusqu'au 17, où il y eut une augmentation d'environ 5 centimètres. Le 18, second débordement de la digue de l'île du Duc, qui étendit les eaux à peu de distance de la commune, et se maintint ainsi jusqu'aux 21 et 22, en laissant à peine la faculté aux habitants de ramasser la feuille qui leur était utile pour l'éducation de leurs vers à soie.

« Arrivent ensuite des pluies torrentielles des montagnes du Vivarais, par la rivière d'Ardèche, qui, s'étant jointe au Rhône, renverse nos grandes digues de Frémigières. Les eaux, par des brèches de plus de 150 mètres de longueur, viennent envahir la meilleure partie de notre territoire et toutes les habitations, avec une élévation de 45 centimètres au-dessus de l'inondation de 1840.

« Ici, il n'est plus question des récoltes; tout est anéanti. Le 30 mai, jour de douloureuse mémoire, la commune est menacée de destruction par les eaux, qui occupent les rez-de-chaussée et commencent à miner les maisons, presque toutes bâties en pisé, c'est-à-dire en terre.

« Le 31, cent-sept de ces maisons tombent avec un fracas épouvantable dans tous les divers quartiers et rues et laissent sans asile autant de familles vouées à la plus affreuse misère et à la plus désolante position. »

Au récit et à la vue de ces terribles calamités, Sa Majesté ne se bornait pas à laisser des marques de sa munificence; elle relevait les courages abattus par de bonnes et énergiques paroles qui faisaient oublier momentanément le sujet de la douleur générale.

L'Empereur descendit de convoi non loin de La Palud, et voulut s'arrêter à la station d'Orange, pour passer en revue une batterie de l'artillerie à cheval de la garde venant de Crimée et un escadron du train des équipages.

A l'arrivé de Sa Majesté à Avignon, la plus grande partie de la ville était couverte par les eaux. L'ancienne ville des papes, malgré ses traditions religieuses, n'avait pas échappé à la colère du ciel. La journée du 31 mai sera inscrite dans l'histoire d'Avignon comme l'une des plus néfastes. Le Rhône atteignit 8 mètres au-dessus de l'étiage. Les portes de la ville se trouvaient fermées et garanties contre le courant par des batardeaux. Néanmoins, l'eau put s'infiltrer dans les parties basses et menaça très-gravement l'équilibre de quelques maisons déjà en mauvais état.

Jusque-là, le mal n'était pas grand ; mais, vers onze heures, le Rhône battait les remparts avec une telle violence, qu'une brèche effrayante se fit tout à coup entre la porte Neuve et la porte Saint-Roch ; le fleuve fit irruption dans la ville, comme un ouragan liquide. Par grandes masses, l'eau s'élançait contre les maisons bâties en pierre et les faisait chanceler. Ce fut pour les habitants, qui ne s'attendaient pas à une telle irruption, le comble de la terreur. Ils couraient à la hâte dans les rues, s'entravant à une foule d'obstacles; ils montaient vers les hauteurs de la ville; mais l'eau les poursuivait avec une indomptable fureur. La plupart n'eurent pas le temps, comme on pense, de déménager leur mobilier, fort heureux d'avoir la vie sauve. En quelques minutes, les jardins situés du côté de la brèche furent inondés, quelques maisons renversées ; il ne restait plus trace d'un seul arbre, d'un seul pampre, de la moindre végétation dans les jardins. La désolation était partout. Le maire d'Avignon demanda un envoi de pain au maire de Marseille, qui procéda immédiatement à son expédition par les routes impériales, conduisant à Tarascon, les autres communications se trouvant momentanément interrompues.

Aujourd'hui l'on attribue à une imprudence bien coupable l'ouverture de la brèche par les eaux du fleuve. Les remparts avaient été déchaussés sur ce point pour les besoins de la ligne ferrée. Tous les habitants d'Avignon s'accordent à dire que, si l'autre projet du chemin de fer eût été adopté, les inondations n'auraient point fait de mal. A ce sujet, ils profitèrent du passage de Napoléon III à Avignon pour lui remettre une pétition couverte de signatures, ayant pour but d'obtenir le transfert de la ligne ferrée au nord de la ville. On avait renoncé à ce projet à cause de la dépense ; mais il s'est trouvé que cette dépense égalait seulement les pertes que l'inondation venait de causer à la ville, et qu'une nouvelle inondation pourrait lui occasionner. L'Empereur reçut la plainte et promit de la prendre en sérieuse considération.

Sa Majesté était arrivée à Avignon vers trois heures

à la gare, où une réunion nombreuse d'autorités et de notabilités l'attendait depuis longtemps. Elle trouva en outre M. Durand-Saint-Amand, M. le général de Rostolan, M. le préfet des Bouches-du-Rhône, M. le comte Robert de Crèvecœur, M. le procureur général d'Aix, MM. les ingénieurs de Montricher et de Gabriac, M. Audibert, ingénieur des mines, chef de l'exploitation du chemin de fer, brillant cortége qui s'était porté à Avignon au-devant de Sa Majesté, et devait l'accompagner jusqu'à Arles.

L'Empereur prit un bateau pour se rendre dans la partie haute d'Avignon, que l'inondation n'avait point envahie. Toute la population, qui s'était retirée en cet endroit, se pressa autour de Sa Majesté, en lui témoignant par ses acclamations enthousiastes sa profonde reconnaissance.

L'Empereur, avec les personnes de sa suite, monta de là sur la place du Rocher, près de l'ancien palais des papes, pour mieux juger de l'étendue des désastres.

Triste spectable en vérité! l'île de la Barthelasse, les quais et les rues basses submergés, 20 mètres de remparts détruits (cette magnifique construction datait du quatorzième siècle), la tour de la Poudrière renversée, des bateaux dans les rues; à l'horizon, aussi loin que le regard pouvait s'étendre, toute la plaine couverte d'eau et de vase.

Au delà d'Avignon, la tranchée pratiquée par les ingénieurs du chemin de fer pour livrer passage à l'inondation avait été énormément agrandie par les eaux et s'étendait sur une longueur de plusieurs kilomètres. D'un autre côté, la Durance, dont on connaît l'indomptable fureur aux jours de ses débordements, s'était frayé plusieurs courants à travers la voie ferrée. On craignait que la réparation de ces dégâts n'interrompît trop longtemps la circulation régulière.

Après un court séjour à l'Hôtel de Ville, où Sa Majesté reçut les hommages et les remercîments de la municipalité, l'Empereur voulut se rendre à Tarascon. Il était quatre heures lorsque Sa Majesté partit avec sa suite, dans un convoi spécial qui les conduisit jusqu'au point où la ligne du chemin de fer avait été rompue.

A propos de cette rupture de la ligne, voici les termes de la note qui fut communiquée aux journaux par la compagnie du chemin de fer de Lyon à la Méditerranée :

« La ligne de Lyon à la Méditerranée n'a été rompue que sur un seul point, en amont de Tarascon, entre cette dernière ville et la Montagnette. Sur un espace d'environ trois kilomètres, on compte jusqu'à treize brèches, dont la réunion présente une longueur de 6 à 700 mètres sur laquelle le remblai a été entièrement enlevé.

« De plus, et sur une longueur de 600 mètres environ, le remblai a peu souffert; mais rails, traverses et ballast ont été bouleversés et dispersés. Cette seconde partie de la voie endommagée sera aisément rétablie; pour reconstruire la ligne dans son état primitif, il y aura environ 70,000 mètres de remblais à exécuter.

« En attendant que la réparation de la voie soit terminée dans des conditions normales, la Compagnie fait niveler une voie provisoire, reliée avec la levée du chemin de fer par deux rampes. On compte que cette voie, qui permettra de rétablir le service entre Avignon et Marseille, pourra être livrée à la circulation dans les premiers jours de la semaine prochaine. »

Au point où le convoi Impérial devait s'arrêter par suite de l'impraticabilité de la ligne, des bateaux avaient été préparés pour recevoir Sa Majesté, ainsi que les personnes qui l'accompagnaient.

Ces bateaux mirent une heure à franchir l'espace inondé. Jusqu'à Tarascon, une étendue de cinq kilomètres, couverte d'eau jusqu'au-dessus des haies, des blés, des vergers, laissait apparaître à sa surface les toits des maisons, la partie feuillue des arbres.

La barque qui portait Napoléon III naviguait difficilement à travers ces nombreux obstacles. Les mariniers qui la conduisaient, pilotes improvisés sur ces parages dangereux, voyaient de temps en temps leur habileté mise en défaut par la rencontre d'obstacles inaperçus. Debout sur le frêle bateau, Sa Majesté promenait un regard triste sur cette plaine désolée, et des nuages couvraient son front.

A l'occasion de cette périlleuse traversée, un républicain qui avait été témoin oculaire disait entre autres choses, dans une lettre écrite à un de ses amis politiques : « Tu sais toute ma vie ; tu connais mes principes, et tu penses en toi-même que je n'en changerai jamais. Eh bien, je t'avouerai que j'admire cet homme : je l'ai vu à Tarascon dans une coquille de noix où je ne me serais pas exposé pour sauver ma maison, à peine pour me sauver personnellement. »

On arriva à Tarascon. L'Empereur n'eut pas besoin de mettre pied à terre pour visiter les rues de cette ville, complétement envahies par les eaux. Il communiquait ainsi avec les habitants réfugiés dans les étages supérieurs de leurs maisons, et leur prodiguait ses consolations et des secours. Ce fut un des incidents pittoresques de cette pénible excursion que de voir descendre des fenêtres une multitude de paniers que les habitants retiraient vivement à eux, aussitôt que la munificence impériale y avait déposé quelque secours en numéraire.

On sait que les villes de Beaucaire et de Tarascon, sœurs jumelles de la géographie provençale, sont situées chacune sur une rive opposée du Rhône, et reliées entre elles par un magnifique pont, l'orgueil du pays.

C'est dans la journée du dimanche 1er juin que l'inondation sévit sur l'une et sur l'autre avec la rapidité d'une trombe. En moins d'un quart d'heure, la magnifique plaine qui sépare Tarascon d'Arles fut envahie par le Rhône à une hauteur de quatre à cinq mètres.

Les habitants, devant la crue prodigieuse du Rhône, se rappelaient les paroles d'un habile ingénieur, qui avait dit : « La ville de Tarascon pourra être un jour balayée par le fleuve. »

Dans un moment où le sentiment du danger faisait taire toute autre considération, on proposait de couper la chaussée du chemin de fer, pour ouvrir un passage aux eaux sur la plaine d'Arles. On n'eut pas besoin de recourir à ce moyen extrême, dicté par le désespoir : pendant qu'on délibérait, le Rhône grossissait toujours ; et il finit par emporter plusieurs kilomètres de la voie ferrée, au-dessus de la ville. Presque en même temps deux larges brèches furent pratiquées par le courant, sur la digue de Boulbon.

La rupture des digues de Provence et celles du Languedoc à trois kilomètres au-dessous, en sauvant la ville, démentirent pour cette fois la prédiction pessimiste de l'ingénieur. Mais à quel prix? Les eaux, profitant de ces nouvelles issues, couvrirent tout le Trébon, les anciens marais d'Arles, le territoire de Fonvieille, la vallée de Beaux et tout le plan du Bourg.

Le grand plan du Bourg avait été protégé d'abord par les digues du canal d'Arles à Bouc; mais, les digues ayant cédé, comme nous venons de le dire, sous la pression des eaux, le grand plan du Bourg et le petit n'échappèrent pas à la submersion générale.

Dans Tarascon, on sonnait le tocsin. Le bruit des cloches se mêlant au bruit roulant de l'irruption, plus éclatant que celui du tonnerre, composait une harmonie diabolique, comme les habitants n'en entendront plus jamais, il faut l'espérer. Ces pauvres gens couraient partout, cherchant un endroit sec; hagards, éperdus, ils traînaient après eux le bétail. Les bœufs mugissaient d'une façon lamentable. Il fallut, malgré tout, en abandonner au torrent. Les hommes et les femmes, les vieillards et les enfants, faisaient leur possible pour sauver une partie de leur propriété : les faibles transportaient des meubles; les plus robustes s'étaient chargés de tonneaux pleins de chardons à foulon, qui sont l'objet d'un grand commerce.

Un peu au delà de Tarascon, tout le territoire de Barbentane et de Vallabrègues était déjà submergé. La situation des habitants de Vallabrègues était surtout digne de pitié. Réfugiés dans le cimetière, seul point épargné, ils attendaient avec anxiété la cessation du fléau. Voisinage peu rassurant que celui des cadavres, pour des vivants qui n'étaient pas bien sûrs de n'être pas engloutis d'une minute à l'autre.

M. le préfet du département, qui s'était rendu à Beaucaire avec les ingénieurs des ponts et chaussées, se multipliait fort habilement pour restreindre autant que possible les malheurs; il confia à des hommes intrépides le soin de porter des provisions aux habitants de Vallabrègues; et ceux-ci, qui voyaient déjà la mort avec résignation, cramponnés aux cyprès funéraires, furent néanmoins sauvés.

A Beaucaire, une belle et forte banquette protégeait la ville; elle devint insuffisante; les eaux, passant au-dessus, retombaient en cascades dans les rues voisines. Le pont en fil de fer était continuellement ébranlé par les radeaux, les barques, les animaux, des objets de toutes sortes, qui, venant se briser en mille éclats contre lui, formaient peu à peu une sorte de barricade mouvante, dont les habitants se défiaient comme pouvant entraîner la chute de leur admirable pont.

Une telle crainte s'expliquait; car, sur le Rhône, on voyait passer incessamment des débris de ponts qui avaient dû être emportés dans le haut du fleuve.

A Beaucaire même, les gens s'estimaient assez heureux; on pouvait aller à pied sec dans la plupart des rues. Mais, sur la même rive, un peu plus bas, le désastre était incalculable. De Beaucaire à Saint-Denis, on ne voyait qu'une vaste mer. Tous les territoires de Bellegarde, de Saint-Gilles et des communes situées au-dessous, jusqu'à Aigues-Mortes, étaient littéralement submergés.

En un mot, toute la Camargue se trouvait perdue sous le Rhône. Les nouvelles les plus affligeantes, qui se sont malheureusement vérifiées plus tard, circulaient de bouche en bouche.

Les eaux avaient pénétré par sept brèches. La brèche faite entre le pont de Fourque et la pointe de Trinquetaille occupait plus de 5 mètres. Il y en avait une autre au quartier de Monlong; une autre au fort de Pasques; une autre au Mas-de-Rey, près du Mas-d'Ivan. Il y en avait partout. M. le sous-préfet d'Arles, secondé par l'autorité municipale, s'était empressé d'organiser un service de secours au moyen de douze bateaux montés par des pilotes. Ces embarcations, munies des approvisionnements jugés nécessaires aux inondés, pénétraient dans la Camargue par les brèches, tandis que le bateau à vapeur le *Quillebeuf* parcourait les rives de l'île jusqu'aux embouchures du Rhône, recueillant tous les malheureux qui se présentaient sur son passage. Le capitaine du bateau à vapeur, jugeant que, pour sauver tous les inondés de la Camargue, les petites embarcations ne suffisaient pas, osa lancer le *Quillebeuf* sur la plaine immergée; et cette idée lui réussit, car le bateau, dans ces nouveaux parages, navigua presque aussi facilement que sur la Méditerranée. M. le sous-préfet d'Arles et un ingénieur, embarqués pour ce voyage, sous la garantie du capitaine, se tenaient sur le pont pour découvrir, à l'aide de longues-vues, les infortunés qui avaient besoin de secours. On a pu sauver ainsi une centaine de personnes en les recueillant par groupes de quatre ou de cinq sur des toits de maisons ou sur des radeaux. Plusieurs de ces malheureux inondés avaient été privés de nourriture depuis trente-six heures.

Devant les embouchures du Rhône, le fleuve roulait à la mer une quantité d'arbres fruitiers, de bois coupé, d'animaux de toute espèce qui donnaient une idée effrayante de la désolation et des ravages causés par le débordement.

Au village de Comps, situé près du confluent du Gardon dans le Rhône, l'eau s'était élevée jusqu'à 1 mètre 60 centimètres dans les maisons des quartiers les plus élevés, et, dans les plus bas, elle était montée jusque dans les chambres et les greniers, puisque, dans certains endroits, des familles ne purent être sauvées qu'en pratiquant des trous aux toitures. L'église même, située à l'endroit le plus élevé du village, n'avait pas été à l'abri du fléau, et l'inondation avait complétement détruit tous les ornements destinés au culte.

A Condolet, sous l'action d'un courant impétueux, neuf maisons s'étaient écroulées.

Dans la plaine de Caderousse, le courant qui s'était établi par suite de la rupture d'une digue avait renversé huit granges. A Montfaucon, une tuilerie eut le même sort.

Dans tous ces pays, des troupeaux furent étouffés par les eaux; ceux qui avaient pu se sauver s'étaient réfugiés sur des tronçons de chaussée. Là ils seraient infailliblement morts de faim, si un service de sauvetage n'avait été organisé par les soins de l'autorité. Malheureusement, ce service ne pouvait correspondre, dans un territoire aussi vaste, aux immenses besoins du moment. Dans d'autres parties de la Camargue, les fermiers, surpris par l'inondation, avaient fait monter leurs troupeaux au premier étage. On raconte que l'un d'entre eux, ayant placé un trop grand nombre de bêtes à laine dans un grenier à foin, fut obligé, pour les empêcher d'étouffer, d'en jeter une assez grande quantité dans le Rhône.

Tous les environs d'Arles, la vallée de Montmajour, la vallée de Beaux et l'étang des Chanoines, inondés comme en 1840 ; le pont de Crau couvert jusqu'aux clefs des voûtes de Craponne ; le pont d'Arles, pont de bateaux qui unissait la ville et le faubourg de Trinquetaille, emporté ; trente-cinq bateaux, la plupart chargés de marchandises, qui se trouvaient dans ces parages au moment de la catastrophe, engloutis, anéantis sans espoir d'en recueillir une épave ; dans la ville, toutes les parties basses, les quartiers de la Roquette, du Saint-Esprit, la Lice jusqu'au théâtre, les rues du Pont, de Chiavary et la rue Neuve, submergés jusqu'à une grande hauteur : tels sont les ravages causés par l'inondation ! Heureusement, les habitants d'Arles mirent de l'empressement à fermer la porte voisine de la gare au moyen d'une digue qui a parfaitement résisté, sans quoi cette partie de la ville eût éprouvé à coup sûr une invasion violente. On a fait approximativement le décompte des pertes que l'inondation a imposées à ce vaste territoire d'Arles, si riche et si productif, et le chiffre s'est trouvé de douze millions. Quelle désolation! quelle calamité!

L'Empereur, en visitant la Camargue, accueillit avec beaucoup d'empressement le projet de dessécher et d'assainir cette riche contrée, à laquelle nuit beaucoup le mauvais aménagement des eaux, mais qui deviendra la plus riche et la plus féconde de France, dès que le sol aura été traité dans les conditions indiquées par l'économie agricole. Sa Majesté voulut bien reconnaître l'urgence de tels travaux et donna immédiatement des ordres pour en rendre l'exécution possible dans un bref délai. C'est ainsi que se trouvera probablement réalisée une des entreprises les plus utiles dont la discussion avait seule préoccupé les gouvernements antérieurs à celui de Napoléon III.

Après avoir distribué sur sa route d'abondants secours et recueilli de nombreux témoignages de reconnaissance de la population tarasconaise, Sa Majesté se rendit à l'embarcadère du chemin de fer.

En approchant de l'escalier qui y conduit, l'Empereur dut recourir aux épaules d'un marinier qui le porta jusqu'au point où Sa Majesté pouvait marcher à pied sec.

Les personnes qui formaient le cortége impérial

durent être transportées de la même manière par d'autres matelots du Rhône.

L'Empereur continua ensuite, avec un train spécial, sa route sur Arles, où il arriva vers sept heures du soir.

Voici les termes de la proclamation qu'on pouvait lire affichée sur les murs de la ville :

« Habitants d'Arles!

« La Providence ne nous abandonne point dans nos misères : elle nous envoie l'Empereur. Aujourd'hui même il sera dans nos murs. Il vient pour s'assurer par lui-même de l'étendue de vos désastres et soulager vos souffrances, autant qu'il est donné à l'homme d'adoucir les rigueurs du ciel.

« Espérance donc et courage! Voici la fortune de la France!

« *Vive l'Empereur!* »

Des préparatifs avaient été faits pour recevoir Sa Majesté, qui trouva la garnison sous les armes et la passa en revue. L'Empereur, sur la proposition du maréchal de Rostolan, distribua un certain nombre de médailles aux militaires qui s'étaient signalés par leur courage.

Du haut de la tour des Arènes, où Sa Majesté voulut monter pour juger l'ensemble de la destruction, on apercevait un immense lac. De l'eau, toujours de l'eau! Au milieu on voyait apparaître, comme deux îles, Montmajour et la montagne des Cordes. De sombres réflexions se pressaient dans l'esprit des assistants en face de cette nature désolée.

Les conséquences de la nouvelle inondation du Rhône devenaient surtout terribles à cause du moment dans lequel elles se produisaient. En 1840, l'inondation eut lieu en novembre; si elle empêchait les travaux agricoles, elle n'engloutissait pas, comme celle-ci, une récolte que l'on avait sous la main; elle eut lieu à un moment où l'on avait pu amasser des fourrages pour nourrir les bestiaux et alors que tous les produits recueillis permettaient aux fermiers d'avoir du pain pour l'année. Cependant quelle gêne, que de catastrophes n'entraîna-t-elle pas!

Celle-ci, au contraire, survenait après une année de disette, elle trouvait les propriétaires et les fermiers sans approvisionnement.

Après ce dernier coup d'œil jeté sur l'inondation, du sommet de la tour des Arènes, l'Empereur se rendit à l'hôtel du Nord, où des appartements lui avaient été préparés. Sa Majesté y passa la nuit.

Le lendemain, au lieu de se diriger sur Marseille, où le bruit courait qu'il était attendu, l'Empereur repartit pour Lyon en suivant le même itinéraire qu'à son arrivée. Le voyage impérial s'arrêtait ainsi aux limites de l'inondation.

Partout, sur la route de Sa Majesté, les acclamations se renouvelèrent, plus unanimes et plus enthousiastes, s'il était possible.

Les populations reconnaissantes s'étaient empressées d'accourir une deuxième fois aux cris mille fois répétés de *Vive l'Empereur! Vive l'Impératrice! Vive le Prince impérial! Vive l'ami et le bienfaiteur du peuple!*

Au moment où l'Empereur repassait à Valence, on lui apprit que le hameau de Bezaudun venait de disparaître tout entier. L'éboulement s'étendait sur plus de trente hectares d'une merveilleuse fertilité. Pas une maison n'était restée debout; les terres avaient glissé et s'étaient affaissées; on voyait s'élever un monticule là où naguère il y avait un pli de terrain; ce hameau, placé sur une hauteur, se trouvait, par l'effet de l'éboulement, transporté dans un trou profond. Deux maisons attenantes s'étaient violemment séparées et gisaient à plus de vingt mètres de distance. Toute la population de cette bourgade demeurait sans asile, sans vêtements et sans pain. Profondément émue, Sa Majesté ordonna une distribution immédiate de secours, et promit de ne pas oublier les infortunés de Bezaudun.

Le 4 juin, à midi, toutes les troupes de Lyon sortirent des quartiers pour aller attendre l'Empereur à la gare du chemin de fer. A quatre heures, Sa Majesté fut reçue au débarcadère par M. le sénateur Vaisse et par M. le maréchal de Castellane. L'Empereur profita de son retour à Lyon pour visiter une deuxième fois quelques quartiers inondés. Il se rendit sur la place Bellecour par le quai d'Occident et jeta un coup d'œil sur les travaux du pont tubulaire. Une foule immense se pressait sur son passage et le saluait des cris mille fois répétés : *Vive l'Empereur !* Sa Majesté passa ensuite la revue des troupes réunies sous le commandement du maréchal de Castellane. L'Empereur, s'étant fait lire l'état des actes de dévouement qui avaient signalé la belle conduite de l'armée durant l'inondation, distribua deux croix et un nombre illimité de médailles par chaque régiment. Les acclamations des soldats et des habitants se firent entendre pendant la revue avec un surcroît d'enthousiasme. Le lendemain, le maréchal de Castellane publia l'ordre du jour suivant.

« L'armée de Lyon a eu l'honneur d'être passée en revue par l'Empereur au camp de Sathonay, et à Lyon.

« Sa Majesté a daigné témoigner sa satisfaction à son commandant en chef de la bonne tenue, de l'attitude militaire, de l'ordre qui régnait dans cette armée, de sa conduite dans les inondations.

« Fière du suffrage de l'Empereur, reconnaissante de ses bontés, l'armée de Lyon redoublera de zèle et de dévouement dans l'accomplissement de ses devoirs envers son souverain et le pays. »

Après la revue, l'Empereur rentra à son hôtel et donna audience au conseil municipal de Lyon, dont le président M. Devienne, lui lut l'adresse suivante :

« Sire,

« Au milieu des sentiments qu'a fait naître la présence de Votre Majesté dans notre ville, le conseil municipal manquerait au sentiment public s'il ne vous apportait l'expression de la reconnaissance générale.

« C'est dans votre cœur que vous avez trouvé l'heureuse inspiration de venir visiter nos souffrances. Naguère vous disiez aux Lyonnais de vous aimer, aujourd'hui vous êtes venu les y contraindre. Vous avez conquis les âmes les plus froides. On ne peut faire un pas dans les rues sans entendre bénir votre nom, sans être ému des expressions vives et touchantes que trouvent la reconnaissance des malheureux et l'admiration de tous.

« Ces bénédictions seront entendues, Sire; le ciel continuera de vous donner de grandes et généreuses pensées, et il vous récompensera dans l'enfant impérial qu'il a donné à la France. »

A cette expression touchante et vraie de la reconnaissance lyonnaise, l'Empereur aurait répondu : « Ce n'est pas la ville de Lyon qui me doit la reconnaissance, c'est moi qui lui en dois pour l'accueil que j'en ai reçu. »

A huit heures du soir, dans cette journée si bien remplie du 4 juin, l'Empereur quittait Lyon pour se rendre à Paris; et, durant le trajet de l'hôtel de l'Europe à l'embarcadère, les cris de *Vive l'Empereur!* retentissaient avec un transport et une allégresse dont on peut à peine se faire une idée.

En résumé, la visite de l'Empereur aux victimes des inondations du Rhône a produit sur ces contrées la plus vive impression. L'Empereur leur est apparu comme une seconde Providence. Sa marche s'est accomplie au milieu des larmes et de la reconnaissance publiques. Jamais l'amour et le dévouement réciproques d'un peuple et de son souverain ne se sont montrés d'une manière plus éclatante. L'Empereur, de son côté, était, en revenant vers Paris, comme durant tout le voyage, profondément touché de ces témoignages de confiance et d'affection. Les populations l'avaient remercié comme il voulait l'être de son empressement à se rendre au milieu d'elles pour y partager et soulager leurs souffrances. Son cœur ne l'avait point trompé en lui inspirant la résolution d'accourir sur le lieu du désastre pour y exercer le plus bel attribut de la puissance, celui de consoler le malheur.

CHAPITRE IV

La Loire. — Inondations à Nevers ; — dans les départements du Cher, de l'Allier et de l'Indre. — Traits de courage et de dévouement. — Le brigadier Marchal. — Les marins de Crimée. — Orléans. — Désastres causés par l'inondation. — Mgr Dupanloup. — Jargeau. — Une ville ensablée. — Gien et Olivet. — Sully, Saint-Mesmin. — Départ de l'Empereur pour le val de la Loire. — Arrivée de Sa Majesté à Orléans. — Visite à Beaugency. — Arrivée à Blois. — Amboise. — Saumur. — La Chapelle-Blanche. — Un cimetière inondé. — Affreux détails. — Saint-Lambert, les Rosiers, Saint-Clément. — Tours. — Description de la ville et de son aspect pendant l'inondation. — Mgr de Morlot et son clergé. — Les travailleurs en soutane. — La colonie de Mettray. — L'Empereur à Château-Renault. — Souvenirs de Napoléon Ier. — L'hôtel des deux Empereurs. — Arrivée de l'Empereur à Tours. — Dons de Sa Majesté. — Retour de l'Empereur à Paris. — Angers. — Les ardoisières de Trélazé. — Les carrières envahies. — Quinze cent mille mètres cubes d'eau. — Les nouvelles chutes du Niagara. — Voyage de l'Empereur à Angers. — « On ne s'agenouille que devant Dieu ! » — Une grâce. — L'Empereur visite le val de la Loire. — Départ de l'Empereur pour Nantes. — Son retour à Paris.

Tandis que les inondations ravageaient la partie est de la France, le centre, à son tour, était cruellement frappé. La Loire, débordant à l'improviste, dévastait les vallées, emportait les moissons, dont la perspective s'offrait si riche et si belle. Depuis Nevers jusqu'à Nantes, tout était devenu la proie du fléau.

Une crue prodigieuse, égale à celle de 1846, à quelques centimètres près, a produit à Nevers une inondation par suite de laquelle tous les quartiers de la ville ont été submergés. En peu de temps, l'eau a couvert sur une immense étendue les champs et les prairies qui bordent les rives du fleuve, dont le cours impétueux ressemblait à celui d'un torrent dévastateur. Après trois débordements extraordinaires, subis du 1er au 20 mai, la Loire n'était rentrée dans son lit que depuis quelques jours, lorsque, le vendredi 30 mai, elle commençait à reprendre son mouvement ascensionnel à la suite de pluies torrentielles qui, pendant trois jours consécutifs, ont inondé sans interruption la France tout entière. Et ce n'était pas seulement la Loire qui grossissait ainsi, mais encore la Nièvre et l'Allier. Aussi s'attendait-on à d'effrayants ravages, et les prévisions ne tardèrent malheureusement pas à se réaliser. De midi à six heures, les eaux montèrent rapidement : la rue de Pâtis, une partie des rues du Rivage, de Nièvre, du Pont-Ciseau, furent atteintes par le flot. L'autorité supérieure, de concert avec l'autorité municipale, prit les mesures de précaution que pouvaient exiger les circonstances, en prévision de la crue considérable qu'on devait attendre. On invita les personnes qui, en quittant leur domicile, n'avaient point d'abri, à se rendre à la mairie pour y recevoir des billets de logement, et leur bétail fut conduit dans les promenades du Parc.

A l'entrée de la nuit, l'eau avait considérablement grandi ; l'ancien lit de la Loire était complétement plein, et l'on commença à concevoir de sérieuses inquiétudes pour la levée de Sermoise. La submersion du faubourg Saint-Antoine devenait dès lors évidente. Dans le cours de la soirée, et jusqu'à une heure assez avancée de la nuit, on avait conservé l'espoir qu'en faisant quelques travaux de consolidation on parviendrait à empêcher la rupture de la levée de Sermoise; en conséquence, on avait réclamé le concours de la troupe. Déjà deux cents hommes s'étaient rendus sur les lieux, lorsque l'eau se fit jour avec violence sur plusieurs endroits; dès lors les travaux devenaient inutiles et dangereux, on y renonça. La masse, s'écoulant par ces nouvelles issues, entraîna bientôt de notables parties de la levée pour venir grossir le niveau d'eau qui couvrait déjà la route de Lyon. Heureusement, par les soins de l'autorité municipale, tous les malheureux habitants du faubourg Saint-Antoine, moitié de gré, moitié de force, avaient été emmenés en ville quelques heures auparavant.

Outre les travailleurs et la troupe, qui était chargée de maintenir l'ordre et de prêter secours au besoin, une foule immense stationnait sur les quais non envahis et aux abords du fleuve. Tout à coup les lumières du gaz s'éteignent : l'eau avait gagné l'usine à gaz et paralysé son action. Par suite des ordres émanés de l'autorité municipale, le pont et ses avenues furent éclairés au moyen de torches et de lampions. Le lendemain, un arrêté du maire prescrivit aux habitants d'éclairer leurs portes le soir jusqu'à ce que le gaz pût fonctionner.

Cependant l'eau ne cessait de monter; plusieurs ponts furent emportés; le chemin de fer vit son service interrompu et la levée qui le protége menaça de céder sous peu à la pression des eaux. Déjà, par suite de la rupture de la levée de Sermoise, plusieurs endroits s'étaient considérablement lézardés, et elle n'offrait plus aucune sécurité. Le lendemain elle acheva de se rompre, et, dans l'après-midi, le pont viaduc au-dessus de la route de Nevers au Guétin s'écroula. A la suite de cet éboulement, la communication électrique fut un instant interrompue, mais on parvint à relever les poteaux qui soutiennent les fils en cet endroit, et elle fut aussitôt rétablie.

Depuis le point où elle pénètre dans le département de la Nièvre, un peu au-dessous du port du Fourreau jusqu'à Nevers, ce qui forme un parcours de cinquante kilomètres, la Loire n'est malheureusement pas endiguée, c'est ce qui explique la facilité avec laquelle elle est sortie de son lit de ce côté.

Nous tenons de la bienveillance de M. l'ingénieur en chef de la Nièvre quelques détails qui trouvent naturellement place ici.

A Nevers, la Loire passe *tout entière*, d'abord sous un pont en pierre qui dépend de la route impériale n° 7, de Paris à Lyon; puis, sous un pont de fonte servant de viaduc au chemin de fer du Centre. En amont de ces deux ponts, le fleuve est encaissé entre deux levées, l'une dite de Saint-Éloi, sur sa rive droite; l'autre, sur sa rive gauche, dite de la Sermoise. La première a résisté, mais la seconde s'est rompue. Tout le val, en un instant, a été couvert d'eaux qui, retenues par la levée du chemin de fer, se sont élevées à un mètre vingt centimètres de plus qu'en 1846. C'est alors que, sous divers ponts servant de passage à des routes sous cette levée, des courants se sont produits qui ont creusé des affouillements considérables. Le pont Biais, de la route impériale n° 76, ouvrage remarquable par l'élégance et l'excentricité de ses formes, s'est abîmé comme un monolithe dans un de ces affouillements dont la profondeur au-dessous du sol de la route a été de plus de six mètres. A la suite de ces accidents, plusieurs maisons ont été emportées, bon nombre d'autres recouvertes par les eaux, et plusieurs pièces de terre ensablées; aussi les récoltes sont-elles perdues sur une étendue de quatre kilomètres de longueur et deux de largeur. Sur la rive droite, les eaux refluant par la vallée de la Nièvre, dont l'embouchure dans la Loire se trouve au-dessus du pont de Nevers, toute la partie basse de la ville, c'est-à-dire près de moitié de son étendue, a été recouverte par les eaux sur une hauteur d'un à deux mètres. Toutes les prairies, tous les jardins, tous les champs du val de la Loire, ont été inondés et les récoltes perdues.

Le 31 mai, dans l'après-midi, la Loire grandit à Fourchambault avec une telle rapidité, la violence des eaux fut si grande, que, malgré les saignées qui avaient été faites à la levée de la rive droite, conduisant au pont pour élargir le lit du fleuve et soulager la levée de Givry, cette dernière levée se rompit et tout le pays fut couvert et envahi par les eaux à une grande distance, comme en 1846.

Dans la nuit, vers trois heures du matin, l'eau, qui montait toujours, atteignit le tablier du pont suspendu. La pile de la deuxième arche du pont fut renversée avec un bruit effroyable et deux travées du tablier emportées. On rapporte que les personnes qui ont été témoins de ce fait ont remarqué qu'au moment de sa chute le pont paraissait en feu et qu'il en sortit de nombreuses et brillantes étincelles.

Tandis que ces événements avaient lieu dans la Nièvre, voici ce qui se passait dans le Cher, à Saint-Amand :

Le 29 mai, au matin, les eaux du Cher et de la Marmande roulaient avec une telle rapidité et une telle fureur, qu'on pouvait facilement prévoir qu'elles dépasseraient bientôt les limites des autres inondations. Les eaux grossissant d'heure en heure, elles eurent bientôt envahi et inondé les deux rives.

Les riverains menacés, mais mis sur leurs gardes par les derniers et récents désastres, commencèrent, dès lors, à transporter hors de l'atteinte des eaux leurs effets, leurs meubles et leurs personnes.

Samedi matin, la crue se manifesta, moins élevée, il est vrai, qu'on le redoutait; mais les eaux grossissaient avec une effroyable rapidité. Le Cher surtout était menaçant; bientôt un mur d'une cour de la brasserie de M. Guémy fut renversé par la violence du courant; un ponceau, au-dessus du bourg d'Orval, fut emporté; la route de Lignières se trouva interceptée et recouverte par les eaux sur une longueur de plus de 50 mètres.

Vers midi, une grande partie des habitants de Saint-Amand se précipitait dans la direction du pont du Cher, qui était menacé. Les eaux, en effet, se frayaient un passage à la tête du pont; il s'en suivit un éboulement sur la partie gauche de la chaussée.

Toutes les voitures de la ville furent alors mises en réquisition pour transporter des monceaux de pierres que des milliers de bras disposaient pour arrêter les dégâts et les progrès des eaux.

Mais, tandis que l'on s'efforce de combler la première trouée, un second éboulement a lieu sur le reste de la largeur de la route. Deux hommes et un enfant sont emportés par le courant, mais ils sont heureusement retirés.

Un moment la population, attirée sur le lieu de la scène, paraît perdre tout espoir de secours efficaces; mais, encouragés par les efforts intelligents de M. Courtois, ingénieur, et des employés des ponts et chaussées, tous les travailleurs redoublent d'ardeur et de courage, et, après plus de six heures d'un travail opiniâtre, sans relâche, leurs efforts sont récompensés par le succès, le pont est sauvé.

On peut dire que tous les habitants de Saint-Amand ont déployé dans cette circonstance le plus grand zèle et la plus infatigable activité. L'escadron de hussards en garnison dans la ville a donné comme toujours, quand l'occasion s'en présente, des preuves nombreuses du plus grand dévouement.

Dans le département de l'Allier, les ravages ont été plus affreux encore. Des maisons écroulées, des terrains bouleversés, des arbres couchés par terre ou emportés par le courant, des routes coupées, des ponts détruits, des chaussées enlevées, des terres richement ensemencées et des prairies en plein rapport couvertes de sable, des récoltes perdues, toutes les richesses, toutes les espérances d'une foule de familles détruites en un moment : tel est le spectacle affligeant que laissèrent voir en se retirant les eaux de la rivière.

Tous les affluents ayant débordé, il n'est pas de localité qui n'ait eu sa part dans le malheur commun. A Saint-Germain-des-Fossés, le magnifique pont viaduc, ce travail d'art qui avait coûté deux millions, s'est écroulé en quelques heures. Sur onze arches, cinq seulement sont restées debout. C'est le samedi, 31 mai, à deux heures du soir, qu'a eu lieu la chute. Deux arches d'abord ont été emportées; les autres ont suivi successivement et avec un fracas qui ressemblait à un coup de canon.

Vichy, Vesse, Hauterive, Charmeil, Chantelle, Dompierre, Veurdre, Cusset, ont été plus ou moins les victimes du fléau. La Bouble, la Sioule, le Sichon et la Besbre, y ont causé des dégâts considérables.

Voici, en résumé; les tristes effets de cette inondation, d'autant plus extraordinaire, d'autant plus préjudiciable, qu'elle arrive coup sur coup et dans le même mois, après deux crues successives, dont la dernière avait causé tant de désastres qui n'avaient pas eu le temps encore d'être réparés.

La levée de l'Allier a été rompue à Cuffy, sur une longueur d'environ 1,800 mètres. Le pont de Fourchambault est détruit. L'Allier et la Loire, qui couvrent environ deux kilomètres au delà de leur lit, ont transformé en une véritable mer l'aspect de cette partie du pays.

A Sancoins, la digue s'est rompue au delà du pont de Mornay et a inondé la route sur un kilomètre de long. La chaussée a été rompue. Les eaux se sont élevées à 3 mètres au pont de Sancoins.

Les forges de Vierzon-Ville, qui occupent quinze cents ouvriers, ont éprouvé de grands ravages.

Entre Bourges et Vierzon, la communication est entièrement rétablie par une voie provisoire de pilotage qui remplace celle qui a été enlevée par le Cher. Tous les débris de l'ancienne voie gisent pêle-mêle dans la prairie riveraine; rails, coussinets, traverses, tout est jeté çà et là, enchevêtré dans une masse de branchages et de morceaux de bois; et, si on ne voyait ce triste spectacle, on ne pourrait croire à tant de puissance de bouleversement par les eaux débordées.

Le 1er juin, la Loire avait atteint, au pont de Saint-Thibaud, à Sancerre, 5 mètres 78 centimètres, et la crue de 1846 se trouvait ainsi dépassée. Le pont avait fait éprouver des craintes sérieuses. On déménageait les maisons de Saint-Thibaud.

Enfin, dans l'Indre, l'inondation s'est aussi fait sentir. Les affluents, grossis de toutes parts, ont fait sortir la rivière de son lit. Les habitants du faubourg Saint-Christophe, à Châteauroux, ont été prévenus de déménager et de prendre les précautions indiquées pour atténuer les désastres. Dès le soir du samedi, les eaux avaient atteint la hauteur de celles du 11 mai dernier, et la crue montait encore, et cependant elle avait déjà dépassé de 60 centimètres la hauteur des dernières eaux.

Parmi les actes de courage et de dévouement qui se sont produits au milieu de ces tristes circonstances, on signale la belle conduite de cinq mariniers du Veurdre.

La levée du pont suspendu venait d'être emportée, et l'eau, en se précipitant par la brèche, menaçait d'envahir une riche propriété, la ferme de Mauboux, située en aval et protégée par une digue capable de résister à une crue ordinaire, mais qui devait céder à la crue du 31 mai.

Cinq mariniers, les sieurs Marc Durantet, Pierre Saddet, Chabiron-Virlogeux, Chabiron (Vincent), et Madet, dit Fayette, baliseurs, tous mariés et pères de famille, n'hésitent pas un instant : ils montent dans une faible barque, et, malgré les supplications de leurs femmes, se dirigent, au plus fort de la tourmente, sur la ferme menacée par les eaux.

Après des efforts inouïs, ils parviennent au but en courant les plus grands dangers, et sont assez heureux pour sauver tout le cheptel de la ferme, s'élevant, d'après l'estimation des propriétaires, à une somme de soixante-dix mille francs.

Ces hommes courageux, satisfaits par le plaisir d'une bonne action, ne voulurent recevoir aucune récompense.

A Bessay, une famille entière, composée de cinq personnes, se trouvait cernée par les eaux, à l'endroit où l'Uzeray se jette dans l'Allier, au milieu de saules et d'autres obstacles qui en rendaient l'accès très-dangereux. Aussi personne n'osait aller à son secours. Deux habitants de Bessay, les sieurs Louis Boulignat et Jean Prugnol, pleins de dévouement et d'intrépidité, se jettent dans une mauvaise barque, et, après des efforts sagement entendus, il sont assez heureux pour ramener et mettre hors de danger les cinq personnes qui composaient cette famille. De pareils actes n'ont pas besoin d'être vantés, il suffit de les signaler.

Un autre trait de courage s'est produit à Jaligny, et c'est la brigade de gendarmerie qui en a donné l'exemple. Au moment où la Besbre était débordée et couvrait un grand espace de terrain, M. Aubert, propriétaire d'un moulin à eau situé à 400 mètres environ au-dessous du pont de Jaligny, pressé de livrer des sacs de farine qui lui étaient réclamés, voulut traverser en voiture, accompagné de son domestique, une vaste plaine entièrement envahie par les eaux. Au retour, le cheval, poussé par le courant, tomba dans un trou profond et disparut un moment sous les flots avec les hommes et la voiture. Ramenés bientôt à la surface, ils s'efforçaient de lutter contre le courant; mais ils auraient infailliblement péri sans les prompts secours du brigadier Marchal, qui, témoin de cette scène, monte à cheval, et, suivi de sa brigade, vole au secours des naufragés déjà épuisés de fatigue et désespérant de résister plus longtemps à la force de l'eau. Ces braves militaires, sans calculer le danger, se jettent à l'eau et parviennent, grâce à leur intrépidité, à sauver les hommes et le cheval, qui s'agitait vainement pour sortir du précipice.

A Vichy, autre trait :

Le 31 mai, à trois heures du matin, on éveille les habitants. La levée qui précède le pont, et sur laquelle sont bâtis quelques hôtels, va être enlevée et les maisons entraînées avec elle. On organise des secours, toutes les voitures sont requises, et c'est à force de pierres qu'on parvient à opposer une barrière à l'eau qui avance toujours. L'Allier n'est plus qu'une nappe immense qui part du rocher des Célestins, dont elle couvre presque l'établissement et s'étend de tous côtés à perte de vue. Cependant trois hommes s'aventurent sur cette mer : Georges Charles, Dubois et Perrin, dit Poussière, tous trois marins de l'armée d'Orient, c'est-à-dire courageux et nobles cœurs, qui ont compris que c'était l'heure du dévouement.

Deux enfants, occupés à pêcher dans un îlot de Bourzat, ont été surpris par la crue; ils n'ont eu que le temps d'atteindre un arbre et d'y monter, ils sont depuis jeudi soir dans cette affreuse position, leurs provisions s'épuisent et deux dangers les pressent : l'eau et la faim. Personne n'ose aller à leur secours, c'est presque tenter la mort; mais les trois marins de Crimée sautent dans une barque avec le père des deux enfants, et tous quatre s'éloignent du bord, emportant les souhaits et l'admiration de tous. Bientôt après, la barque revient, rapportant sauveurs et sauvés, qui font à Vichy une entrée triomphale. De pareils actes se gravent au cœur des populations; elles savent toujours le nom de ceux qui les ont accomplis.

Terminons par ce dernier trait :

Le 30 mai, dans un petit hameau appelé Crevéry, situé commune de Vesse, trois familles, ayant été surprises par la crue de l'Allier, et forcées de monter sur les toits de leurs petites habitations, dont les eaux commençaient déjà à baigner les bases, allaient infailliblement périr, si trois mariniers du Pont-du-Château, qui se trouvaient à Abrest, d'où on entendait distinctement les cris déchirants de ces malheureux, ne se fussent décidés, au mépris de tous dangers, à traverser sur une frêle barque le torrent furieux, dont l'œil, dans ce moment, mesurait à peine la largeur.

Un si beau dévouement devait avoir sa récompense : c'est dire que les trois familles ont été sauvées. Honneur donc à ces trois hommes courageux, dont nous sommes heureux de livrer aujourd'hui les noms à la publicité : ce sont les nommés Noëlat (Antoine), Coste Rousse et Maurice Delaire.

Comme on le voit, si les départements de la Nièvre, du Cher et de l'Allier ont souffert, les actes de courage et de dévouement n'ont pas manqué.

Il est une ville qui a plus souffert encore que Nevers, c'est la ville d'Orléans.

Bâtie sur la rive droite de la Loire et sur la pente légèrement inclinée d'un coteau fertile, elle se déploie majestueusement au bord du fleuve et offre l'aspect le plus agréable. Elle a bien quelques quartiers sales et mal bâtis, mais ce sont ses titres de vieille ville, et ses nouvelles maisons, qui s'épanouissent sur les bords de la Loire, rachètent suffisamment ce qu'ont de peu gracieux les anciennes constructions. Aujourd'hui il y a bien des changements dans l'état de cette grande et belle ville. Les pluies diluviennes qui sont tombées sans interruption depuis plusieurs semaines ne pouvaient manquer d'avoir, de ce côté, de funestes conséquences. Aussi, bien que la nouvelle se fût répandue que la Loire et les autres rivières débordées commençaient à rentrer dans leur lit, on n'osait trop accorder de créance à ce bruit; en effet, quelques heures plus tard, les nouvelles du pays haut annonçaient une seconde crue plus considérable que la première, de la Loire et de ses affluents. De tous côtés, les habitants des communes voisines d'Orléans, fuyant devant le fléau dévastateur, venaient demander à la ville un abri plus sûr. A chaque moment, on s'attendait à apprendre la jonction de la Loire et du Loiret, qui eut lieu en effet le 2 juin, à huit heures du soir. A partir de ce moment, les deux rivières ne formèrent plus qu'un seul fleuve, ou plutôt une seule et immense nappe d'eau qui couvrait tout le val d'un humide linceul. A peine si l'on apercevait encore au niveau de l'eau quelques points culminants, rares jalons indiquant aux bateaux qu'ils passaient sur les moissons, sur les vignes, sur les haies, sur les murailles. Bien que l'inondation ne se fût propagée qu'avec lenteur, ce qui annonçait heureusement l'absence de courants violents, quelques points, et plus particulièrement les terrains en pente naturelle, furent ravinés d'une façon effrayante. La rue de la Mouillère, submergée sous plus de 3 mètres d'eau, présentait un aspect des plus affligeants. Elle était sillonnée d'un bout à l'autre par des courants rapides et violents qui charriaient avec eux les objets les plus divers arrachés sur leur passage. Au bout de la rue, une maison en construction n'avait pu résister et s'était écroulée sur elle-même. Un grand nombre d'habitants étaient sans asile.

Mgr Dupanloup, évêque d'Orléans, toujours si bon pour ses diocésains, bien que retenu par une convalescence difficile dans une des vallées de la Suisse, s'était hâté de revenir aussitôt que lui était parvenue la nouvelle des ravages qui désolaient son diocèse. Il s'empressa d'offrir dans son évêché un asile à tous les inondés qu'il put recevoir ; tout était plein, il y en avait jusque dans son cabinet ; sa sollicitude, vraiment paternelle, s'était surtout étendue aux petits enfants, et il avait donné ordre de recueillir tous ceux qu'on pourrait trouver.

Dans plusieurs quartiers, l'eau avait pénétré dans les fondations, qui ne reposaient plus que sur un sol amolli et sans consistance. Aussi toutes les maisons étaient-elles affreusement lézardées. L'église de Saint-Aignan subit une commotion si forte, qu'un fragment de la voûte se détacha et tomba sur le maître-autel. Par bonheur, il n'y avait là personne en ce moment. Le chemin de fer du Centre, emporté au delà du pont de Vierzon, depuis la commune de Saint-Jean-le-Blanc jusqu'à celle de Saint-Cyr, sur une étendue de trois à cinq kilomètres, ne pouvait plus fonctionner; le télégraphe électrique était également détruit.

Mais où la dévastation a été à son comble, c'est aux environs d'Orléans, à Jargeau entre autres. En voyant naguère encore cette petite ville, si riante, si animée, si prospère, qui aurait pu deviner qu'elle allait être plongée tout à coup dans le deuil et la désolation? Jargeau occupe une place à part dans l'inondation du Loiret. En effet, une maison écroulée se reconstruit, des meubles se rachètent; avec des avances et du travail, on peut lutter contre la perte. Mais la terre végétale enlevée, le champ ensablé, la source même du travail tarie, voilà ce qui est irréparable, et tel est le cas de cette petite ville. On a parlé d'abord de vingt, de trente maisons abattues; on était loin de compte. Plus de cent sont restées gisantes à terre. sans compter celles dont les fondements sapés par l'eau menaçaient à chaque instant de s'écrouler.

Jargeau est juste en face d'une levée destinée à contenir la Loire; cette levée a tenu bon quelque temps, puis, tout à coup, cédant à la fureur du fleuve, lui a ouvert une énorme brèche par laquelle il s'est élancé comme une avalanche terrible. Le faubourg Berry, qui prêtait le flanc à l'un de ces torrents, a été en quelque sorte balayé. Il y a des maisons dont on chercherait en vain un vestige : bois, murailles, fondations, tout, depuis le faîte jusqu'à la base, s'en est allé à la dérive; il ne reste plus qu'une place béante là où était la maison. Au bout du faubourg, la route de Jargeau au Tigy, que bordait une double rangée de maisons, a disparu sous un ensablement de plus de 2 mètres.

On pourra se rendre compte du bouleversement des terrains si nous disons que les cantonniers occupés à faire des sondages sous la direction d'un ingénieur pour chercher la route départementale n'en trouvaient plus le tracé. Que doit donc être le désordre produit, nous ne dirons pas sur les récoltes, qui n'existent plus, mais sur le sol lui-même! A Jargeau, la perte est plus sensible que partout ailleurs. De ce côté, la propriété est morcelée, c'est le pays du petit cultivateur, et c'est avec un soin, une sollicitude, un amour tout particuliers que la terre y est cultivée. C'était peut-être le lieu le plus fertile de la France; il y avait là des terres qui valaient trois et quatre mille francs l'arpent. Eh bien, ce petit coin de la terre promise n'est plus aujourd'hui qu'un marécage, un désert ensablé, une fondrière remplie de cailloux et de limon. Et, malheureusement, le mal ne s'est pas arrêté là! Maisons écroulées, murs abattus, abords dévastés, mobiliers et bestiaux entraînés par le courant : tel est le tableau que présente partout la ville enfouie sous l'eau. L'inondation n'a rien respecté; tout, jusqu'au presbytère, a été envahi.

Cependant le curé, excellent et digne homme, a pu loger chez lui plus de vingt personnes sans asile, et il en a abrité un grand nombre chez les sœurs de la Providence. Quant aux autres, manquant de tout, même des objets les plus nécessaires à la vie, ils auraient infailliblement péri si les habitants de Saint-Denis-de l'Hôtel ne leur étaient venus en aide en les approvisionnant de pain. Pour comble de malheur, les miasmes pestilentiels, si terribles dans la saison actuelle, sont venus s'ajouter à cette désolation déjà si poignante. Une certaine quantité de bestiaux n'avaient pu être sauvés; on s'est empressé de les enterrer et de les recouvrir de chaux vive, mais cette précaution n'a pas suffi. Une autre cause était venue s'ajouter à celle-ci pour compromettre la salubrité publique. C'était la terre elle-même qui s'unissait à l'eau stagnante et pourrissait les légumes confiés à son sol. Les pois et les choux surtout dégageaient des émanations infectes que la chaleur du soleil développait encore. Détournons nos yeux de ce triste spectacle... Mais, hélas! de quelque côté que nous dirigions nos regards, il nous faudra toujours retomber sur un nouveau malheur plus grand encore peut-être que le premier. Car, dans tout son parcours, la Loire a semé le désordre, la désolation et le deuil sur les campagnes qu'elle arrose. Dans l'arrondissement de Gien, sauf quelques exceptions, le Val, sur une étendue de trois myriamètres, a été entièrement submergé. Dans la ville même, une maison située sur le bord de la route d'Orléans s'est écroulée, minée par les eaux, et a occasionné la mort d'une femme qui l'habitait avec son mari. Toutes les rues principales de Gien ont été envahies.

Du côté d'Olivet, c'est à peine si l'on voit surgir au niveau des eaux tumultueuses de la rivière, démesurément élargies, la cime des plus hauts arbres. Le rivage a disparu complétement; tous ces bords fleuris et bordés de saules verdoyants, qui, à cette époque de l'année, offrent une vue si pittoresque, sont submergés sous une eau jaunâtre et limoneuse, sans cesse battue en tous sens par de rapides courants. Le pont d'Olivet laisse seul apercevoir sa surface pierreuse au-dessus de ce torrent. Qui donc oserait s'aventurer sur cette mer en furie? Ce serait témérité et folie que d'oser braver les éléments déchaînés... et pourtant une barque s'avance, montée par cinq personnes, parmi lesquelles deux ecclésiastiques se font reconnaître, le curé de Lion-en-Sullias et un jeune prêtre du diocèse d'Orléans, ordonné d'hier.

L'un des meilleurs et des plus intrépides nageurs d'Olivet guide la frêle embarcation, qui glisse rapidement sur l'eau sous la puissante impulsion des avirons. Les passagers, tout en longeant le pont, causent avec leurs parents et leurs amis qui sont accoudés sur le parapet. Personne ne songe au danger. Tout à coup la barque, à qui la prudence commandait de prendre le large, est entraînée par un courant. Un des rameurs a vu le péril; avec son aviron il cherche à retenir le canot. Vains efforts! l'eau attire les malheureux vers un gouffre béant formé par l'arche du pont, qui n'offre plus guère qu'un pied d'ouverture entre son cintre et le niveau du fleuve. Avant qu'elles aient pu faire un mouvement, la barque chavire et les cinq personnes sont précipitées dans la rivière. Nombreuse était la foule qui se pressait sur le pont. Un immense cri d'épouvante s'échappe à la fois de toutes les poitrines, et l'on voit bientôt de l'autre côté du pont les cinq naufragés se débattre au milieu des flots. Le courant, qui les avait engloutis, les ramène à la surface; ils crient, ils luttent, et, après des efforts désespérés, leurs mains crispées parviennent enfin à saisir les branches des saules qui pointent au-dessus de l'eau. Ils se cramponnent à ce faible point d'appui; mais là encore leur situation est bien périlleuse.

De toutes parts cependant on s'empresse; un sauvetage s'improvise; on jette des cordes aux malheureux naufragés. L'oncle d'un des deux prêtres se précipite dans une barque; mais les avirons manquent à ceux qui l'accompagnent, et ce sont des hommes de plus en péril. Une nouvelle barque, retenue par des cordes, s'avance, dirigée par le commissaire de police d'Olivet, ancien zouave, dont le courage intrépide s'est réveillé à l'aspect du danger, et qui, depuis trois jours, se dévoue au sauvetage avec plus d'héroïsme que jamais. Enfin la barque arrive jusqu'aux malheureux, qui ne cessent de se débattre contre la violence du courant. On parvient à les sauver; mais ce n'est pas tout, un des deux prêtres a disparu, le plus jeune. Pourtant il était là, debout sur le devant de la barque, au moment où elle a chaviré. On regarde, on interroge le fleuve de tous côtés; inutiles recherches, le gouffre a englouti le malheureux jeune homme, frappé à la tête par l'arche du pont; étourdi par la violence du choc, ses mouvements se sont trouvés complétement paralysés; maintenant l'abîme s'est refermé sur lui et refuse de rendre sa proie.

A présent que nous en avons terminé avec ce triste récit, parlerons-nous de Saint-Benoît? Là aussi l'inondation a été terrible. Bien que cette commune fût protégée par des levées que tous les habitants, sans distinction d'âge ni de sexe, se sont sans relâche occupés à consolider, tous les travaux ont été inutiles, et il a fallu prendre la fuite devant le puissant et cruel fléau. Heureusement une ressource restait, c'était de gagner, avant la rupture des levées, la partie haute de la commune, où l'eau n'était pas parvenue en 1846; mais, hélas! bientôt la Loire envahit ce refuge. A l'exception de l'église, du presbytère et de quelques maisons très-élevées, tout le reste a été submergé. Dans la campagne, il en a été de même. Les maisons ont été ravagées, les bestiaux arrachés aux étables, les instruments de culture emportés; il est des maisons qui ont complétement disparu ou dont la toiture seule est restée à découvert.

Que de désastres en si peu de temps! A mesure que nous avançons dans notre triste récit, les forces nous manquent, notre cœur se serre en pensant au temps énorme qu'il faudra pour réparer (et quelle réparation suffirait!) les dégâts dont toutes les plus riches, les plus fertiles, les mieux cultivées de nos campagnes sont devenues la proie! Continuons cependant notre pénible mission, tout en souhaitant qu'elle produise un haut enseignement et qu'en accusant le mal elle en active le remède. Sully, Saint-Mesmin, encore deux noms qui tombent sous notre plume et qui n'ont rien à envier aux communes leurs voisines. A Sully, aussitôt qu'on s'est aperçu de la crue des eaux, les agents des ponts et chaussées se sont transportés sur les abords du pont qui, en cet endroit, traverse la Loire. Les travaux se sont organisés sous leur intelligente direction, et, en quelque temps, une banquette s'est élevée, destinée à protéger le pont. On est parvenu, par ce travail, à maintenir l'eau pendant plusieurs heures ; mais bientôt, la rivière continuant à monter de toutes parts, les levées n'ont pas tardé à se trouver dominées, et il a fallu cesser tous les travaux et attendre, les bras croisés, les tristes résultats d'un affreux ravage.

S'il est quelque chose de pénible pour l'homme, n'est-ce pas de se trouver en face du malheur, de le voir venir lentement et croissant peu à peu, de voir ses propriétés emportées, ses richesses anéanties, ses espérances les plus chères trompées sans retour, et de ne pouvoir, de quelque manière que ce soit, atténuer au moins le mal? Quelques instants plus tard, à son tour, la culée du pont de Sully, du côté de Saint-Père, était enlevée et le tablier flottait comme un énorme radeau. Ainsi découvert par la chute de la culée, le village de Saint-Père présentait un affreux spectacle. On voyait les maisons s'écrouler une à une, on les comptait et l'on se demandait quand finirait l'œuvre de destruction.

Nous avons tout à l'heure prononcé le nom de Saint-Mesmin. De ce côté, les pertes sont incalculables. L'inondation n'a pas laissé un seul épi à récolter dans toute la contrée. Beaucoup de cultivateurs ont aventuré une semence d'orge, quelques autres du sarrasin, pour remplacer leurs blés détruits. Mais ce sont là des récoltes fort éventuelles : la moindre sécheresse peut empêcher le développement de l'orge; quelques éclairs en septembre suffisent pour brûler la fleur du sarrasin. Et le malheur ne s'est pas contenté de frapper les moissons, il a voulu avoir aussi des victimes parmi les habitants. C'est là un de ces tristes épisodes comme en font éclore, hélas! en trop grand nombre, les sinistres de toute nature qui viennent, de temps à autre, désoler la terre. Il faut pleurer sur nous, pauvres mortels incapables de lutter; il faut prier aussi si, comme l'a dit M. le cardinal de Bonald, dans son dernier mandement, l'inondation a pour cause la violation de la loi du dimanche. Passons!

C'était le soir, vers neuf heures et demie environ, un des principaux maîtres meuniers de la chaussée de Saint-Saintin eut la fatale pensée d'aller prendre dans son domicile, situé à cent mètres de son moulin, sur la rive droite du Loiret, quelques objets qu'il y avait oubliés et qu'il espérait pouvoir encore sauver. Il s'embarque, accompagné de ses quatre garçons, et se dirige vers le large; mais à peine avait-il donné quelques coups de rames, que son bateau, entraîné par la violence du courant, se heurte contre un obstacle et chavire. Les naufragés se débattent quelque temps, puis parviennent enfin à s'accrocher à des branches d'arbres en jetant des cris de désespoir. Un des voisins du meunier, homme de courage, qui, depuis le commencement de l'inondation, s'était distingué par son dévouement infatigable à porter des secours aux noyés, s'élance dans une barque, et, aidé de ses garçons, manœuvre si bien, qu'il parvient à recueillir les hommes en péril. Quant au maître meunier, on l'appelle, il ne répond pas. Le courageux équipage se met à battre la rivière en tous sens pour le retrouver; mais, au milieu de cette périlleuse recherche, la barque se brise sur un écueil, et tous les hommes qui la montaient sont précipités dans le torrent. Heureusement les cris des premiers naufragés avaient donné l'éveil à Saint-Nicolas. Un pêcheur, un maître charpentier et deux autres jeunes gens accourent ensemble, et, par un hasard tout providentiel, rencontrent sur leur passage un débris de barque auquel s'était accroché l'intrépide voisin du meunier. Une minute plus tard, il eût atteint le pont de Saint-Mesmin et s'y fût infailliblement brisé la tête contre une de ses piles. Lui sauvé, il fallait aussi sauver ses compagnons, qui, tous bons nageurs, avaient pu gagner les arbres. La nuit était noire; mais l'équipage, guidé par les cris, parvint à les recueillir tous, moins cependant l'infortuné maître meunier, dont on dut regarder la mort comme certaine. Inutile de dire avec quelle douloureuse anxiété, avec quelle poignante inquiétude les habitants de Saint-Nicolas, réfugiés dans leurs greniers, suivaient jusqu'aux moindres incidents de cette scène tragique, où la vie de douze personnes était en jeu, et dans laquelle le pêcheur et ses trois compagnons ont fait preuve d'un courage et d'un sang-froid dignes d'éloges.

Après avoir visité les inondés du Rhône, l'Empereur voulut parcourir également les contrées ravagées par la Loire. Les désastres, en effet, étaient bien plus affreux de ce côté que sur les bords du Rhône, quelque terribles qu'aient pu être ces derniers. Aussi Sa Majesté se décida-t-elle promptement à faire ce voyage, et, le 6 juin, elle quittait Paris le matin pour aller visiter le val de la Loire, accompagnée de Son Excellence le ministre d'État, de Son Excellence le ministre des travaux publics et d'un de ses écuyers. Il était huit heures et demie quand l'Empereur arriva à la gare du chemin de fer d'Orléans, où il fut reçu par M. le préfet de police et par MM. Didion, directeur général, Durand et Dufeu, membres du conseil d'administration, et de Chancelle, inspecteur général du mouvement. L'Empereur, vêtu de l'uniforme de général, était en petite tenue, sans épaulettes, et portait le képi. Sa Majesté était suivie de six cent-gardes. Le train spécial se composait de dix voitures, y compris le wagon d'honneur et quatre écuries pour douze chevaux. L'Empereur monta immédiatement en wagon avec M. Rouher, ministre des travaux publics, et MM. Devraud, Dufeu, Bartholony, eurent l'honneur de l'accompagner jusqu'à Orléans. A huit heures quarante minutes, le train impérial quittait Paris, dirigé par l'ingénieur en chef du mouvement. A onze heures huit minutes, l'Empereur arrivait à Orléans; toute la population s'était portée au-devant de lui et le saluait des cris longuement répétés de *Vive l'Empereur! Vive le sauveur de la France!* A sa descente de wagon, il monta dans la voiture de M. Boselli, en compagnie du ministre, du général Niel et du préfet du Loiret; il visita le faubourg Saint-Marceau, envahi par la Loire, et de là se rendit sur la levée de Saint-Privé pour juger de l'étendue de l'inondation. Il voulut ensuite visiter la route d'Olivet et celle de Saint-Mesmin, qui, toutes deux, avaient énormément souffert.

Au retour de Sa Majesté dans la gare, le maire et un de ses collègues se joignirent au préfet pour la remercier de sa visite. Plusieurs autres fonctionnaires s'étaient également réunis à eux. M. le général Cœur présenta à l'Empereur un jeune blessé de Crimée décoré de la médaille militaire. Après quoi, l'Empereur monta en wagon, et le train se dirigea vers Blois.

On s'arrêta quelques instants à Beaugency. M. Pondellé, faisant les fonctions de maire, accompagné de M. Lorin de Chaffin, président du conseil d'arrondissement, alla saluer l'Empereur à la portière du wagon, et Sa Majesté, informée des désastres du val de Beaugency, lui remit aussitôt 5,000 francs.

Il était une heure et demie quand l'Empereur arriva à Blois. La circulation sur la voie ferrée était coupée, et Sa Majesté avait été obligée d'envoyer un piqueur en avant pour organiser un service de berlines de poste. Aussitôt entré dans la ville, l'Empereur visita les parties inondées, les quais et les faubourgs de Vienne, puis les digues jusqu'au déversoir établi.

Là, comme partout, comme à Lyon, comme à Valence, comme à Arles, ce ne furent qu'acclamations et cris de remercîments partis du cœur de la part de la foule enthousiasmée qui se pressait sur ses pas.

Quelques heures après, l'Empereur, attendu à Tours, quittait Blois en voiture, mais non sans avoir laissé là des preuves de sa générosité et de sa munificence consolatrices. 100,000 francs avaient été accordés par lui à M. le préfet du Loiret, sur les fonds alloués par l'État, et il y avait ajouté 20,000 francs sur sa cassette particulière.

Nous dirons maintenant ce qu'était l'inondation à Blois; ce ne sont pas seulement les bas quartiers qui avaient été inondés. L'eau envahissait jusqu'à la Poissonnerie.

Le mardi, 3 juin, vers quatre heures, une partie de la population travaillait à la consolidation d'un bâtardeau destiné à préserver le faubourg de Vienne de l'immense nappe d'eau vomie par le déversoir. On avait bon espoir de réussir, quand vint à crever la levée de Montalivaut. Les eaux firent alors irruption par les vallées de Vineuil; puis, venant se confondre avec celles du déversoir, elles ouvrirent une immense tranchée à la levée des Pingres, à la hauteur du bureau d'octroi. Ce fut alors un moment d'horreur, un sauve-qui-peut général. Les flots arrivaient avec la rapidité de l'éclair, et ils se firent bientôt jour à travers les murs, renversant tout sur leur passage, minant la route, entraînant complétement la levée des Acacias, et se répandant dans toutes les habitations du faubourg à une hauteur énorme. Ce fut aussi l'heure des dévouements. De toutes parts on demandait des secours. La brigade de gendarmerie de Blois, sur pied depuis soixante-douze heures, ayant à sa tête son brave commandant, se précipita dans les basses rues, là où le danger était le plus imminent, et, à cheval, à la nage, ramena des femmes, des enfants, qui ne durent leur vie qu'à son intrépidité et à son sang-froid. Les levées, l'avenue Saint-Gervais, la route basse de Paris, les Ponts-Chartrains, furent ravinés, dans certains endroits, à une profondeur de 6 mètres.

La ville présentait le plus triste aspect; des barques sillonnaient les rues en tous sens; des cris, des plaintes, mêlés au bruit du tocsin, se faisaient entendre. Les habitants de Vienne et des environs arrivaient en foule, forcés d'abandonner leurs habitations. Les uns transportaient à grand'peine les objets de première nécessité qu'ils avaient pu sauver; plusieurs amenaient quelques bestiaux, leur seule ressource; d'autres, le plus grand nombre, étaient dénués de tout et venaient, ainsi que leurs familles, demander l'hospitalité à ceux de leurs concitoyens qui étaient à l'abri.

Rien ne peut rendre l'horreur que présentaient les quartiers désolés par l'inondation. Des torrents désastreux parcouraient en tous sens les rues basses du faubourg de Vienne, entraînant avec eux murs et clôtures. On passait en bateau dans les jardins, sur les haies et sur les murailles. Le sauvetage, dans plusieurs maisons, ne pouvait s'effectuer qu'avec la plus grande difficulté et grâce à l'héroïsme de nombreux citoyens qui n'hésitaient pas à risquer leur vie pour sauver les malheureux inondés. Les chefs des diverses administrations, la troupe, la gendarmerie, se montraient toujours au plus fort du danger. Tous les citoyens avaient quitté leurs demeures pour courir au-devant des victimes, faciliter les déménagements, jeter l'alarme. Les uns creusaient des tranchées; d'autres maniaient la rame; ceux-ci s'élançaient à la nage; d'autres dressaient des lits pour le service des malades. Un instant, on a pu craindre un affreux malheur : M. de Sampigny, conseiller de préfecture, accompagné de M. Suzanne, commissaire en chef, de MM. Jean Loy et Gauthier, mariniers, s'étaient engagés sur une barque pour voler au secours d'une famille qui faisait entendre des cris de détresse; la barque, mal dirigée, vint heurter contre un mur et s'entr'ouvrit, laissant au milieu du torrent les généreux citoyens que leur intrépidité avait amenés là. Les deux premiers purent s'accrocher aux pans d'une muraille; les deux autres disparurent un instant sous l'eau, mais rencontrèrent heureusement une tonnelle sur laquelle ils purent attendre qu'une seconde barque vînt enfin les délivrer tous quatre d'un péril imminent.

A Amboise, les désastres ont été aussi très-grands. Le chemin de fer, emporté dans une assez grande étendue, a beaucoup souffert. Des traverses arrachées de la voie flottaient sur les eaux. Toutefois les établissements de la compagnie ont résisté, sauf la gare des marchandises, qui s'est écroulée. La levée de la Loire, qui avait été emportée en 1846, n'a pas été épargnée davantage cette fois, et l'on comprend toutes les avaries qui en sont résultées pour les bas quartiers d'Amboise, si malheureusement exposés. Au-dessous de la ville, entre Noizay et Vernon, la levée a crevé également, et une immense nappe d'eau a couvert en quelques heures la plaine fertile qui s'étend au delà de Vouvray. Prévenu que de ce côté la situation était menaçante, M. de la Taille, inspecteur principal du chemin de fer d'Orléans, arrivait bientôt près de la gare d'Amboise, accompagné de M. Ratel et de M. Rabusson, inspecteurs ordinaires. Les digues étaient emportées; l'eau, qui montait toujours, avait déjà submergé le remblai. La locomotive roulait dans l'eau, et ses roues se mouvaient comme celles d'un bateau à vapeur. A ce moment, on travaillait, à quelques centaines de mètres de là, à consolider la levée de la Loire, près d'être emportée. M. de la Taille descendit du convoi et s'approcha de la levée pour prendre part à la direction des travaux. A peine y était-il que la digue fut crevée, livrant passage aux eaux furieuses du fleuve.

La situation était terrible. Les trois inspecteurs, se précipitant vers la gare, purent à peine, l'eau les gagnant, rejoindre cet abri. Mais la gare ne tarda pas à être envahie; le premier étage fut submergé, et M. de la Taille dut se réfugier avec ses compagnons sur le toit de l'édifice. La Loire mugissait partout autour d'eux; le bâtiment de la gare des marchandises s'effondrait sous leurs yeux, et, pour mettre le comble à cette horrible situation, la nuit survenait.

D'un autre côté, le mécanicien et le chauffeur du train spécial s'étaient hissés sur le dôme de leur machine, et là, à demi plongés dans l'eau, n'avaient plus d'espoir de salut qu'en la résistance de la masse de quarante mille kilogrammes sur laquelle ils étaient montés.

La nuit se passa dans cette situation affreuse. Enfin, vers trois heures du matin, on les aperçut et on vint en barque à leur secours. Le mécanicien et le chauffeur purent également être sauvés.

MM. de la Taille, Ratel et Rabusson gagnèrent Amboise en traversant les ponts, et se dirigèrent sur Orléans, par Montrichard.

Depuis quelques jours on avait pu remarquer à Saumur que la Loire prenait un aspect de plus en plus menaçant; enfin, dans la matinée du 8 juin, elle atteignait la hauteur de 6 mètres 80 et se frayait un passage par les viaducs établis dans les cours de deux maisons, à quelques mètres au-dessous du pont Cenart. Au même instant, le fleuve, continuant sa course impétueuse, envahissait le quai Saint-Nicolas, depuis les bains Charnod jusqu'au bureau d'octroi, le quai de Limoges dans toute son étendue, puis gagnait rapidement les bas quartiers de la ville, en bousculant sur son passage tout ce qui lui faisait obstacle. C'est ainsi qu'un mur, établi par le génie militaire pour le tir, a été renversé d'une seule pièce dans le Chardonnet. En même temps, on se voyait obligé de faire évacuer l'école de cavalerie. L'ascension continuelle de l'eau, qui dépassait de 12 mètres les baraques des gardiens du chemin de fer, donna bientôt à ses affluents un aspect torrentiel, et il se produisit, tant sur la place du port Saint-Nicolas que dans toute la longueur de la rue de la Petite-Bilange, des affouillements considérables. Pendant que ceci se passait au nord de la ville, au sud, la levée de Nantilly, point d'une très-grande importance, était également menacée d'une totale submersion. A chaque instant, il devenait de plus en plus à craindre que la levée, trop faible pour résister longtemps à l'énorme masse d'eau qui la pressait, ne se rompît tout d'un coup; et, hâtons-nous de le dire, cette crainte se fût promptement réalisée, sans les travaux incessants de la population tout entière, aidée de trois cent cinquante détenus de la maison de Fontevrault, qu'on s'était empressé de diriger sur ce point et qui ne contribuèrent pas peu à soutenir l'eau du fleuve pendant vingt-quatre heures dans une hauteur moyenne de 65 centimètres. Cependant les bas quartiers de la ville continuaient à se remplir peu à peu ; la Loire grossissait toujours, et tous les habitants étaient dans l'attente d'un envahissement plus désastreux encore que celui de 1843; lorsque tout à coup, vers midi environ, et sans temps d'arrêt appréciable, on s'aperçut que la Loire, loin de continuer à croître, baissait au contraire avec rapidité. Il était évident pour tout le monde qu'une cause accidentelle avait pu seule amener une baisse aussi subite, et les esprits, un instant rassurés sur le sort particulier de Saumur, attendirent avec plus d'anxiété que jamais l'explication du phénomène qui les avait sauvés.

Quelques instants plus tard, l'on apprenait à Saumur, de manière à n'en pouvoir douter, que la grande levée était rompue à la hauteur du bourg de la Chapelle-Blanche, et que la Loire, comme un torrent furieux, se précipitait dans la vallée par une brèche qui bientôt acquit l'effrayante étendue de plus de deux cents mètres. Depuis soixante-douze heures déjà, les riverains, prévoyant le malheur qui les menaçait, travaillaient avec une activité surhumaine à la consolidation et à l'élévation de la levée, dont, il faut bien le dire, la hauteur allait bientôt devenir impuissante à contenir le fleuve. Les habitants de la Chapelle, leur digne pasteur et le maire à leur tête, épuisés de fatigue et de veilles, n'en continuaient cependant pas moins leurs efforts, lorsque tout à coup, au milieu du bourg, un bruit sourd se fit entendre, et au même moment une maison brusquement soulevée par une énorme colonne d'eau retombait complétement détruite. La Loire venait de rompre l'obstacle qui l'enchaînait, et, libre et indomptable, elle se précipitait dans la vallée comme une trombe gigantesque, et envahissait bientôt tout le pays avec une rapidité pour ainsi dire électrique. Bientôt le bas de la ville de Bourgueil, Varennes, Villebernier, Allonnes, Saint-Lambert, Saint-Martin, Saint-Clément, les Rosiers, et toute la vallée qu'arrose l'Authion, étaient complétement submergés, tant par la Loire que par l'Authion lui-même. Partout, sur une longueur de plus de dix lieues, pendant toute la nuit du mercredi au jeudi, on n'entendait autre chose que des cris d'alarmes, mêlés au bruit du tocsin.

Lorsque l'eau eut envahi la route du Mans jusqu'au faubourg de la Croix-Verte, des moyens de sauvetage furent aussitôt organisés. Tous les bateaux furent mis en réquisition, et des hommes actifs et courageux s'élancèrent dans toutes les directions, recueillant sur leur passage les malheureux naufragés. Pendant toute la journée du jeudi et du vendredi, on vit arriver dans les divers quartiers de Saumur des milliers d'hommes, de femmes et d'enfants, traînant à leur suite leurs bestiaux et les quelques débris qu'ils avaient pu arracher à l'élément destructeur. On s'empressa de leur prodiguer des soins : le malheur est compatissant. Parmi les plus à plaindre, étaient les habitants de la Chapelle-Blanche; la majeure partie des maisons y avaient été détruites, les autres menaçaient ruine. Le courant était passé, avec une telle rapidité que, comme à Jargeau, il avait presque totalement emporté le bourg; le château de M. Bizoulier, placé à cent mètres environ de la levée, avait été enlevé comme par la foudre. Rien, sur le parcours du torrent, ne fut épargné; et, comme si ce n'était pas assez des souffrances des vivants, sans encore troubler et profaner, jusque dans leur dernière demeure, le sommeil de ceux qui ne sont plus, le cimetière lui-même, fouillé dans ses profondeurs, s'est vu arracher par le torrent ses cercueils et ses morts. Faut-il le dire? on a retrouvé, après le retrait des eaux, jusqu'à des squelettes décharnés arrêtés dans les arbres. Au nombre des maisons écroulées, se trouvait celle du maire de la Chapelle, qui joint à ces fonctions celles de notaire de la commune. Tous les papiers, tous les actes de l'étude, ainsi que vingt-cinq mille francs placés dans sa caisse, ont été engloutis. Et, comme si ce n'était pas assez de cette perte, il a eu la douleur de voir sa femme tomber à ses côtés. Transportée aussitôt à une lieue de là, la pauvre victime est morte de saisissement. Parmi les bâtiments qui ont le plus souffert, citons encore la station du chemin de fer, qui a été cruellement maltraitée; la gare des marchandises a complétement disparu, et le bâtiment servant aux voyageurs a été lui-même gravement endommagé.

Les habitants de la rive gauche de la Loire, sans avoir autant souffert que ceux de la vallée, sont cependant loin d'avoir été épargnés par le fléau. A Saint-Florent, trois maisons et un grand nombre de murs de clôture ont été renversés. Toutes les habitations avaient de l'eau à la hauteur de un et deux mètres. D'un autre côté, les récoltes ont été complétement détruites. On ne saurait se faire une idée des efforts surhumains tentés par toutes ces petites communes qui entourent Saumur pour parer au malheur qui les menaçait. A Saint-Lambert, le maire, le curé et son vicaire n'ont pas un seul instant quitté les travaux de la levée du Chapeau, et ont puissamment contribué, par leur exemple et leur présence, à entretenir chez les travailleurs une activité dont pouvait dépendre leur salut. Chacun, du reste, comprenait que, dans ces circonstances, il n'y a plus de distinction de rang, de sexe, ni d'âge, et que, devant le malheur, tous deviennent égaux. Pendant deux jours, la digne propriétaire du château de Briacé n'a pas cessé d'alimenter de pain, de viande et de vin les personnes occupées à la levée du Chapeau.

Les communes des Rosiers et de Saint-Clément ne sont pas restées en arrière. Les habitants eux-mêmes ont démoli plusieurs maisons, afin d'en employer les matériaux à l'enchaussement des levées que la Loire pouvait d'un moment à l'autre dépasser. Nous sommes heureux, en terminant, de pouvoir dire que tout le monde a fait son devoir, que chacun s'est empressé de concourir par tous les moyens possibles à l'allégement du malheur qui a désolé tant de belles communes, tant de campagnes qui présentaient de si riches espérances.

Surtout qu'on se garde bien de croire que les détails cités par nous aient été plus ou moins chargés ; nous n'avons fait que raconter bien strictement la vérité, et peut-être même quelquefois notre plume a-t-elle essayé de voiler l'horreur de certains faits pourtant on ne peut plus authentiques. Il ne faut pas se le dissimuler, il y a des malheureux qu'on a vus se crisper contre les froids embrassements de l'eau, contre les glaciales étreintes des courants, et les courants les emportaient plus rapides encore; l'eau montait, montait toujours, et ils finissaient par disparaître malgré tous les efforts tentés pour les sauver. Et combien d'autres, qui n'ont pas été vus, que l'eau dévorait dans leur fuite, ou qu'au milieu d'un profond sommeil surprenait l'effondrement de leurs maisons! D'un autre côté, quelle perte pour le commerce! Le service des postes a été désorganisé, les chemins de fer coupés, et, dans beaucoup d'endroits, les voies ferrées, violemment arrachées, se sont trouvées emportées à des distances considérables; les négociants ont dû suspendre leurs expéditions ; des milliers de voyageurs ont été retenus par force majeure loin de leurs affaires; ce sont autant de pertes qu'il faut compter.

Et, malheureusement, les habitants de Saumur n'ont pas eu, comme ceux de Lyon, d'Orléans et de

Nantes, le bonheur et la consolation que leur eût apportée la présence de l'Empereur. La difficulté des communications, nous dirons plus, l'impossibilité de communiquer, puisque tout était coupé, routes et chemins de fer, n'a pas permis à Sa Majesté de réaliser l'espoir des habitants de Saumur.

Située sur la rive gauche de la Loire, entre le fleuve et son affluent le Cher, la ville de Tours devait être exposée aux mêmes désastres que la partie du territoire d'Orléans comprise entre la Loire et le Loiret. Il était à craindre que la rivière et le fleuve n'opérassent leur jonction. La pluie tombait par torrents, sans interruption depuis quarante-huit heures; les eaux montaient avec une rapidité inquiétante; les habitants, en proie à une terreur que justifiaient les souvenirs des anciennes inondations, se pressaient sur les points élevés afin de mieux juger du danger.

Tout à coup le bruit se répand que le Cher et la Loire, débordant chacun de son côté, ont réuni leurs eaux; et, au même moment, le fleuve s'introduit à travers les rues de la ville, baigne le pied des maisons, élève peu à peu son niveau; l'alarme est jetée, la confusion règne sur tous les points; c'est à qui sauvera sa personne et ses biens.

Rien ne saurait peindre le navrant spectacle que présentait en ce moment la ville de Tours. La rue Royale était devenue un canal que traversaient incessamment les barques envoyées au secours des malheureux qui n'avaient pas voulu ou n'avaient pu encore quitter leurs habitations. Le mail, complétement inondé, ressemblait à un torrent où flottaient confondus les débris charriés par la Loire et le Cher, des arbres déracinés, des planches flottantes, des bois de lits, des lambeaux d'étoffe, çà et là une forme plus sinistre encore, celle d'un cadavre.

La gare du chemin de fer, où l'eau montait jusqu'au-dessus du premier étage, trois mètres et demi environ, présentait ainsi une lointaine analogie avec les constructions flottantes que l'on rencontre dans les ports pour la réparation des navires. L'embarcadère, autour duquel se concentrait la veille toute l'activité urbaine, où le mouvement des locomotives, des voyageurs, des convois attirait un public curieux et empressé, avait changé sa physionomie bruyante contre un silence morne et désolé.

En face, le jardin de la préfecture ne laissait apercevoir que la tête de ses arbres, et au lieu d'une nappe de verdure étendait une nappe d'eau jaune et saumâtre devant les murs renversés du monument.

Les rues de Paris, de Bordeaux, du Rempart, voies récentes que le commerce avait fait surgir sur les vieilles fortifications, traçaient, par le faîte seulement des murs et des maisons, leur alignement et leurs contours. A chaque pas un atelier vide, un chantier où les eaux avaient porté le désordre, enlevant en échange les produits et les instruments de travail.

Et dans cette lamentable catastrophe, les quartiers de la vieille ville, qui pouvaient se croire à l'abri, ne furent pas même épargnés. Là où l'air et le soleil pénètrent difficilement dans les circonstances ordinaires, dans ces rues basses que l'homme de travail, l'ouvrier, affectionnent par esprit de tradition et d'économie, le fléau avait su se frayer un chemin ; ajoutant ses injures à celles du temps, il avait porté le dernier coup à ces vieux pans de mur qui avaient jusque-là résisté à toutes les épreuves : il s'était introduit dans les chambres du pauvre comme dans les appartements du riche, n'établissant aucune distinction entre les meubles ornés avec toutes les recherches du luxe et la table vermoulue du mendiant.

De la rue Borgne, qui longe l'ancienne caserne d'infanterie, jusqu'à la commune de Riche, complétement inondée, elle aussi, comme toutes les communes inférieures; de la place d'Aumont jusqu'à Saint-Sauveur, s'étendait un lac immense qui s'élevait jusqu'au premier étage des maisons.

Si l'on se plaçait sur les points élevés de la ville de Tours pour juger des désastres environnants, la catastrophe prenait soudain un nouveau caractère plus horrible et plus douloureux. Aussi loin que le regard pouvait s'étendre, de l'eau, toujours de l'eau! Les deux rivières n'avaient pu franchir le solide obstacle que leur opposait la route de Bordeaux; mais les épaves qui, d'une extrémité à l'autre, jonchaient le côté oriental, indiquaient assez jusqu'à quelle hauteur la crue s'était élevée et les énergiques efforts qu'elle avait faits pour le surmonter.

Le pont de l'Archevêque, ébranlé, menaçait ruine; le viaduc du chemin de fer de Nantes, affouillé avec une incroyable violence, affaissé, partagé par le passage du flot, n'avait pu résister; deux énormes monceaux de maçonnerie indiquaient seuls la place que naguère il occupait.

Durant cinq jours d'angoisses, de souffrances, d'indicibles calamités, tel a été l'état de cette ville et de ce pays : de cette ville si riche en monuments, en constructions pittoresques et artistiques, que son séjour est recherché durant la belle saison par toute la population élégante; de ce pays si heureusement doué sous le rapport du climat, du paysage, de la fécondité, qu'il a été surnommé avec raison le paradis terrestre de notre continent.

C'est seulement à partir du 6 juin que la baisse des eaux a commencé. Au fur et à mesure que les quartiers inondés étaient mis à découvert, on pouvait mieux se rendre compte du désastre; et mille incidents nouveaux, qui ajoutaient à son caractère terrible, se révélaient incessamment.

A la gare du chemin de fer, on a eu à déplorer non-seulement la ruine de bâtiments magnifiques, mais en outre une perte considérable de marchandises. Il va sans dire que toute communication était interceptée au delà de Tours sur le chemin de fer de Bordeaux. Entre Blois et Tours, sur une étendue de six kilomètres, la voie avait été dégradée à tel point, que, les travaux de réparation, malgré toute l'activité déployée, ne sont arrivés à terme qu'après un long travail; et force a été à la compagnie du chemin de fer, pour rétablir la correspondance entre ces deux villes, d'organiser un service de bateaux à vapeur.

Dès la première alarme, M. Didion, directeur de la compagnie, s'était transporté sur les points les plus menacés de la ligne ; mais victime de son zèle, il fut retenu prisonnier près de Tours, tandis que l'inondation atteignait son maximum d'élévation. Toutefois il put bientôt gagner le Mans et échapper ainsi au danger qui le menaçait.

C'est environ deux kilomètres avant d'arriver à Tours, entre cette ville et Montlouis, en face de Roche-Corbon, que la levée de la Loire a été emportée; et c'est par cette vaste trouée que le fleuve a pu rejoindre les eaux gonflées du Cher.

Entre tous les actes d'intrépidité que le danger a inspirés, citons l'épisode relatif à l'archevêque de Tours : Mgr de Morlot s'était rendu lui-même, accompagné de ses ecclésiastiques, sur les levées ; et on l'a vu, pendant toute une journée, à la tête de sa milice, dont il surveillait et dirigeait les travaux, prendre une part active à l'œuvre périlleuse entreprise contre le progrès de l'inondation. Le cardinal avait à la main la pelle et la pioche des travailleurs.

Ailleurs, à l'hôtel de l'Univers, près des bâtiments de la gare, il y avait dix pieds d'eau ; ceux des voyageurs bloqués dans l'hôtel qui éprouvaient de la répugnance à se loger immédiatement sous les toits étaient obligés, pour descendre dans les barques de sauvetage, de se suspendre en dehors à des draps roulés et attachés aux fenêtres.

Nous citerons ici quelques passages d'une lettre dans laquelle sont fidèlement retracées les circonstances du désastre :

« C'est le dimanche 1er juin que l'élévation simultanée des eaux de la Loire et du Cher fit pressentir l'imminence du danger dont les nouvelles du haut des deux rivières annonçaient la grandeur. C'était du Cher surtout que venait alors le péril; la prodigieuse rapidité avec laquelle il s'élevait faisait craindre que, rompant et dépassant ces levées, il ne se déversât dans la plaine du côté de la Ville-aux-Dames, de Saint-Pierre-des-Corps et de l'ancienne commune de Saint-Étienne. Aussi la première pensée de l'administration fut de protéger la levée de Rochepinard ; les premiers efforts de la population furent consacrés à l'exhausser par la construction d'une banquette.

« La journée de dimanche se termina avec l'espoir que ce premier travail parviendrait à conjurer le danger ; mais la crue incessante et rapide du Cher le fit bientôt évanouir, et le lundi matin on comprit que ce n'était plus là qu'il fallait se mettre en mesure de protéger la commune de Tours; la rupture de la levée de Rochepinard paraissait désormais inévitable.

« Un nouvel appel de l'autorité et le sentiment du

péril secouèrent un peu la torpeur de notre population. Le nombre des travailleurs volontaires s'accrut, et, secondés par le concours des troupes de la garnison et par les colons de Mettray au nombre de deux cents, ils parvinrent à élever à la hâte, dans toute la longueur du canal, une banquette gazonnée de plus d'un mètre de hauteur. Hélas! on ne tarda pas à reconnaître l'impérieuse nécessité de ce travail, puisque bientôt le Cher dépassant ses digues, se précipitait comme une avalanche dans le quadrilatère formé par les levées du Cher, de la Loire, du canal, et le territoire de Montlouis.

« Le Cher croissait toujours avec une décourageante persistance, et ne tarda pas à remplir le bassin vers lequel il s'était frayé un passage; les eaux eurent bientôt couvert les prairies, les champs, les récoltes, et l'on ne vit plus au-dessus de leur surface que la tête des arbres et les toitures des maisons. Cependant une décroissance était signalée à une certaine distance en amont, et une baisse sensible vint un instant dissiper les inquiétudes et faire croire que nous touchions au terme de nos alarmes. Mais il était écrit que nous épuiserions en une seule fois la somme des périls et des misères.

« Le Cher avait baissé, c'était la Loire qui allait nous menacer. Une crue extraordinaire était annoncée du pays haut : il allait falloir lutter contre elle comme on avait lutté contre celle du Cher à Rochepinard, comme on avait lutté contre elle sur les berges du canal. Mais avec ce nouvel adversaire le combat allait être bien plus terrible qu'avec le premier. Nous étions menacés sur un point par le Cher; la Loire, elle, pouvait nous attaquer partout à la fois. Près de Montlouis, à Conneuil, la faiblesse des levées donnait les plus légitimes craintes, et nous montrait la perspective d'une invasion de la ville proprement dite et du territoire communal par la Ville-aux-Dames et Saint-Pierre-des-Corps.

« Plus près de nous, le canal, ce soi-disant présent fait à la ville, présent fatal, du moins dans l'emplacement qu'on lui a imprudemment assigné, qui déjà, en 1846, avait causé l'inondation du Mail par de simples infiltrations; le canal était un sujet de trop justes inquiétudes. Il l'était surtout dans un moment où, la hauteur extraordinaire du Cher empêchant de s'en servir comme d'un débouché, il formait une impasse dans laquelle s'enfournaient les eaux, sans autre issue que celles qu'elles pourraient se frayer par de redoutables déchirements.

« Le quai de Saint-Pierre-des-Corps, affouillé d'une manière si terrible il y a dix ans, ajoutait aux craintes générales. Plus bas, c'était le pont suspendu de Saint-Symphorien qui menaçait d'être emporté; enfin on n'était pas sans défiance à l'égard du quai de la Poissonnerie, sujet continuel de préoccupations dans le passé, et où la moindre fissure pouvait déterminer la submersion des quartiers les plus populeux de la cité.

« Soit excès de confiance, soit excès de placidité, notre population n'avait pas semblé encore comprendre toute l'imminence, toute l'effroyable grandeur du mal, lorsqu'un événement qui n'était pourtant pas destiné à se réaliser vint secouer sa torpeur. L'eau venait de se faire jour dans un des pavillons du pont de Saint-Symphorien, et tout semblait annoncer qu'il allait s'ouvrir en face de la rue Saint-Maurice une brèche devant laquelle tous les travaux seraient nécessairement demeurés impuissants, qui, inondant la ville vers son centre et d'un point culminant, l'aurait infailliblement dévastée de la manière la plus terrible. La nuit approchait déjà lorsque l'affouillement de la culée du pont suspendu commence à se manifester dans la maison du gardien. Aussitôt la générale se fait entendre; chacun semble comprendre que le moment d'agir vigoureusement est arrivé. On se précipite en foule vers le quai de la Foire-le-Roi au canal, on renforce les banquettes, on ferme le sommet des escaliers qui descendent à la Loire, on dépave la partie de la route qui touche au quartier, des chaînes organisées font arriver le fumier, le sable, les pavés, aux hommes chargés de donner de la solidité au faible rempart qui arrête le débordement du fleuve sur la ville. Mais la Loire monte toujours; le pont suspendu, horriblement tourmenté par les eaux qui atteignent, et secouent son tablier, ébranlent ses culées, va peut-être être précipité dans la direction du pont de pierre, et Dieu sait quelle sera la situation de la ville si ce malheur s'accomplit!

« Cette épreuve devait, Dieu merci ! nous être épargnée, et le pont se maintient malgré la fureur du fleuve, malgré le choc des débris qui le heurtent sans cesse dans un moment où il suffit du moindre effort peut-être pour déterminer sa rupture.

« La Loire, en 1846, c'est-à-dire à l'époque de sa plus grande crue, s'était élevée à 7 mètres 10 centimètres, elle venait d'arriver à 7 mètres 50 centimètres, elle affleurait le faîte des banquettes. Une fissure, la moindre dépression des terres, pouvaient livrer passage au torrent. Après être restée plus d'une heure stationnaire, elle sembla baisser. Hélas ! c'était une trompeuse décroissance que celle-là, si elle rassurait un peu pour les quartiers du nord, elle reportait les craintes avec plus d'intensité vers la portion méridionale de la commune. Les digues venaient de se rompre à Montlouis, à quatre kilomètres en amont de Tours. Le fleuve prenait son cours entre les levées, sur un terrain que déjà couvraient les eaux du Cher déversées du côté de Rochepinard et venait nous attaquer au canal, où déjà nous étions si sérieusement menacés.

« Tout devait conspirer à la fois pour la ruine de notre malheureuse cité. Les eaux furieuses s'élançaient avec une impitoyable violence dans la gare du canal; comme un formidable bélier, elles battaient en brèche le fond de cette impasse contre laquelle ses efforts incessants avaient jusque-là échoué. L'écluse du canal résiste victorieusement, le talus de l'extrémité du Mail tient avec une vigueur inespérée; il semble qu'il n'y ait rien à craindre du côté oriental de la gare, auquel sa massive et large construction donne une rassurante solidité. C'est là au contraire que la rupture va se faire. Tout à coup le pont du canal, auquel, par une funeste économie qui a excité nos réclamations dans le temps, on n'a pas ajouté une porte fermant la gare comme le canal lui-même, le pont est emporté, et les flots, dans un irrésistible élan, renversent la chaussée dans l'angle qu'elle forme avec la partie orientale de la maçonnerie de l'écluse, et se jettent comme dans un gouffre au milieu de la plaine de Saint-Pierre-des-Corps.

« La maison du sieur Pétillault et celles qui se trouvent dans la même direction croulent et disparaissent; la Loire, qui déjà avait rejoint le Cher du côté de Montlouis, se confond avec lui, et tous deux réunis ont bientôt franchi le canal, renversé le rempart que deux jours auparavant on avait eu tant de peine à édifier. La plaine de Saint-Étienne forme un immense torrent, qui ne trouve plus pour lui résister nos vieux remparts qui l'auraient victorieusement tenu en échec. L'embarcadère, le chemin de fer d'Orléans et le quartier qui s'est formé autour de lui disparaissent sous plus de deux mètres d'eau; le Mail est envahi, toutes les rues qui y aboutissent sont inondées, et les habitants consternés se trouvent cernés dans leurs demeures, attendant la mort et n'osant espérer un sauvetage qui paraît désormais impossible.

« A l'autre extrémité de la commune, c'est-à-dire dans la partie que la suppression de Saint-Étienne y a adjointe, le désastre n'était pas moins grand. La Loire et le Cher rencontrent bien un obstacle dans la plus grande étendue de la route de Grammont; malheureusement trois portes leur sont ouvertes; au milieu par le pont de l'Archevêque, au nord par les rues voisines de la gare, au midi par le viaduc du chemin de fer de Nantes, qui est renversé de fond en comble et laisse une insurmontable coupure sur la route de Bordeaux. Ce sont autant d'issues par lesquelles ils se précipitent, entraînant sur leur passage les murs, les maisons, formant, là où leur chute est plus resserrée, les déversoirs torrentueux et formidables devant lesquels seront obligés de reculer, non le courage et la témérité même, mais les forces des sauveteurs les plus expérimentés.

« Si ce n'était, en vérité, proférer une affreuse ironie, nous dirions que notre malheureuse population n'a pas épuisé toutes les misères jusqu'à la dernière. Un double danger restait à conjurer et a pu être prévenu; c'était celui pourtant qui paraissait le plus inévitable. La partie des talus du canal qui forme l'extrémité orientale du Mail, du côté de Tours. avait été profondément affouillée par la Loire, la brèche s'avançait de plusieurs mètres, la rupture était imminente.

« A l'entrée de la gare du canal, le fleuve pouvait démolir le talus qui protége l'entrée de la rue du faubourg Saint-Pierre-des-Corps. Les travaux, habilement et promptement exécutés sur ce dernier point, parvinrent à créer une résistance assez imposante pour y conjurer une catastrophe qui eût emporté infailliblement le quartier est de la ville. C'est le 5 juin seulement que les ingénieurs ont pu se regarder comme maîtres du danger.

« Quant à l'extrémité du Mail, les eaux, en se détournant sur les avenues de Saint-Pierre-des-Corps, l'ont heureusement laissé debout et nous ont préservés de l'effort direct du torrent, devant lequel toutes les habitations du boulevard auraient inévitablement croulé.

« Dieu sait quels ravages le fléau aura causés au-dessous de notre ville et dans ces belles et fertiles contrées étroitement enserrées par les deux rivières qui viennent de nous attaquer avec tant d'ensemble et de furie. L'interruption de toutes les communications avec tous les côtés du département, excepté celui desservi par le pont, nous laisse sans nouvelles des lieux inondés comme notre ville.

« Tel est dans son ensemble l'épouvantable cataclysme qui est venu fondre sur Tours et sa banlieue. Le mal a été énorme, incalculable, formidable. Pour que le pays le connaisse, pour que le gouvernement le juge, pour que la France sente la nécessité de nous venir en aide, pour sauver ces populations ruinées qui ont tout perdu, que menacent la misère et la faim, il nous faudrait retracer dans tous leurs détails les événements de ces trois lugubres journées que nous venons de traverser.

« Notre plume suffira-t-elle à la tâche que le devoir nous impose, que notre cœur nous trace? nous n'osons l'espérer, mais nous saurons l'entreprendre. La France a besoin de connaître toute notre infortune; l'Empereur la saura, et son noble et grand cœur s'apitoiera sur nous comme sur tout ce qui souffre. Il nous a sauvés des malheurs dont nous menaçaient les passions des hommes, il voudra, dans sa sollicitude toute-puissante; adoucir les maux cruels que la Providence vient de nous infliger.

« S'il nous était permis de lui exposer l'immensité de nos souffrances, d'invoquer directement son inépuisable bonté : « Sire, lui dirions-nous après avoir tracé ce funeste tableau, venez à notre secours, venez, car il est digne de toute votre sollicitude, notre beau pays, si horriblement éprouvé; il en est digne par la confiance et l'amour qu'il vous porte; il en est digne par sa résignation; il en est digne par l'héroïsme que viennent de déployer toutes les classes de sa population, depuis ses plus éminents magistrats prodiguant leur vie pour le salut de tous, jusqu'au plus humble ouvrier s'exposant à la mort, avec un courage héroïque, et refusant noblement l'or qui lui donnerait du pain, mais qui serait le prix d'un dévouement dont il ne veut pas être payé, en récompense duquel il ne veut que la satisfaction d'avoir fait le bien. »

L'Empereur n'est jamais sourd à l'appel du malheur; aussi le samedi, 7 juin, partait-il pour Tours, accompagné de S. Exc. le ministre des travaux publics, des généraux Niel et Fleury, de M. de Franqueville et du capitaine de Puységur, un de ses officiers d'ordonnance.

Sa Majesté devait être à Tours le jour même; mais elle avait été forcée de s'arrêter à Château-Renault, où elle avait passé la nuit.

Voici comment s'exprime M. Adolphe Pesson, maire de Château-Renault, au sujet du passage de l'Empereur en cette ville le 7 juin : « Je n'ai été informé qu'à quatre heures du soir de l'arrivée de Sa Majesté, et, avant six heures, l'Empereur était sur la place, où il trouvait réunis (j'étais allé à cheval à sa rencontre) le conseil municipal, le juge de paix, le curé, les fonctionnaires publics, tous nos fabricants tanneurs, la majeure partie de la ville, ainsi que MM. de Flavigny, député, de Quinemont et Derouet, membres du conseil général, qui avaient appris, à Paris, le départ de Sa Majesté pour Tours, et la précédaient de quelques instants.

« La nouvelle de cette arrivée s'était répandue avec la rapidité de l'éclair, et la voiture impériale n'a pu aller qu'au pas depuis la limite de la ville jusqu'à l'hôtel de l'*Écu de France*, où Sa Majesté est descendue. Tout le monde était véritablement ému et heureux de voir l'Empereur, non encore délassé des fatigues du voyage de Lyon, répondre à notre chaleureux appel et accourir porter à notre malheureux département des secours, des consolations et les témoignages de sa sollicitude et de ses sympathies. Mais l'enthousiasme a été à son comble quand nous avons su que Sa Majesté allait dîner et coucher ici.

« J'ai eu l'insigne honneur d'être admis à la table de l'Empereur, qui, comme vous le savez, était accompagné de S. Exc. M. Rouher, ministre des travaux publics, du général Niel, du général Fleury, de M. de Franqueville et du capitaine de Puységur. Vous ne sauriez croire, mon cher ami, ce qu'il y a de bienveillance, d'affabilité, de séduction et de dignité accessible dans la personne de l'Empereur. J'en suis resté profondément impressionné, moi qui vois en même temps en lui l'arbitre de l'Europe et peut-être du monde. Il s'est entretenu, avec le plus grand intérêt, des désastres de notre département, ainsi que des besoins du commerce et des importantes tanneries de notre localité. J'ai été naturellement amené à prendre la liberté d'exposer à Sa Majesté les avantages et la nécessité d'un second chemin de fer direct de Paris à Tours par Château-Renault, et à cette occasion, je lui ai dit à peu près ceci : « Sire, le 29 oc-
« tobre 1808, l'empereur Napoléon Ier passait à Châ-
« teau-Renault, se rendant en Espagne; il dînait dans
« la salle à manger où nous sommes assis, il cou-
« chait dans la chambre où vous allez passer la nuit.
« Le maire de Château-Renault était alors mon père;
« il était dévoué à sa personne comme je vous suis

« dévoué, comme je suis plein d'admiration pour la « vôtre. La voiture de l'Empereur était embourbée et « était restée un quart d'heure sans pouvoir passer à « un point de la route impériale, qui était, comme le « dit mon père alors, un *océan de boue*. Au retour « de l'Empereur, l'océan de boue avait disparu et la « route était unie comme la table où nous mangeons. « Les anciens du conseil municipal qui vous entou- « raient tout à l'heure, sire, ont entendu votre oncle « dire à mon père à ce retour : *Eh bien, monsieur le* « *maire, votre route est bonne maintenant, on ne court* « *plus risque d'y être embourbé*. QUAND VOUS AUREZ BE- « SOIN DE MOI POUR VOTRE LOCALITÉ, COMPTEZ SUR MA BIEN- « VEILLANCE ! » Après cela j'ajoutai : « Votre Majesté « veut-elle bien permettre que j'invoque ce précieux « souvenir et que je réclame du neveu, à l'occasion « du second chemin de fer projeté, si nécessaire à « nos besoins, cette bienveillance de son oncle ? »

« Parfaitement, monsieur le maire, » a daigné me « répondre l'Empereur; Château-Renault a su alors « acquérir et mériter la bienveillance de mon oncle, « ajoutez-y la mienne; elle est acquise à tous les « grands intérêts, ainsi qu'à toutes les cités indus « trieuses et laborieuses comme la vôtre. »

« Puis, sur l'invitation de Sa Majesté, M. le ministre des travaux publics a déployé sur la table une carte où sont indiqués les divers tracés du second chemin de fer projeté de Paris à Tours par Château-Renault et Vendôme, et l'affaire a été examinée, développée et traitée par le ministre et par l'Empereur lui-même avec un véritable intérêt. L'Empereur est vraiment étonnant ! Il voit tout par lui-même, il apprécie avec une justesse admirable, et comme, en définitive, son gouvernement réalise tout ce qui est nécessaire et juste, j'ai la ferme confiance que nous aurons ce chemin. Je m'appesantis un peu sur cette question, parce qu'elle est, vous le savez comme moi, capitale pour Château-Renault et pour notre département ; elle emprunte encore de l'importance aux tristes circonstances actuelles ; l'Empereur l'a maintenant en main, je ne m'en occuperai plus.

« Reprenons notre récit. Pendant le repas de Sa Majesté, la musique de la ville s'est fait entendre sous les fenêtres de l'hôtel, les maisons du voisinage étaient illuminées, et pavoisées, et quand l'Empereur a paru à la fenêtre, la foule immense qui l'entourait l'a accueilli de ses acclamations les plus sympathiques et les plus vives. Sa Majesté, dès sa descente de voiture, avait bien voulu recevoir les autorités, le conseil municipal et les fonctionnaires, et s'était entretenue avec plusieurs personnes de la manière la plus affable.

« Le lendemain, à sept heures du matin, au départ pour Tours, la ville entière était sur pied, les sapeurs-pompiers étaient rangés devant l'hôtel de l'*Écu de France*, qui avait changé de nom pendant la nuit, et portait désormais pour enseigne : *Hôtel des deux Empereurs*. Les ouvriers, ayant leurs maîtres à leur tête, étaient rangés devant les fabriques, et dans tout le parcours de la ville Sa Majesté a été saluée par les cris unanimes de : *Vive l'Empereur !*

« Indépendamment des précieux souvenirs qui nous resteront de ce voyage, l'Empereur nous a laissé d'autres traces de son passage : il m'a remis cinq cents francs, que j'ai fait immédiatement distribuer, selon ses intentions, aux nécessiteux de la ville ; et beaucoup d'autres malheureux ont reçu de lui, devant moi, des preuves de sa munificence et de ses largesess. Sa Majesté a aussi fait remettre en ma présence mille francs à M. de Langlois, maire de Nazelles, qui, n'ayant pu se rendre à Tours, avait eu la bonne pensée de venir lui exposer à Château-Renault les désastres de sa commune. »

Ce fut avec des transports indescriptibles d'enthousiasme et de reconnaissance que l'Empereur fut reçu à Tours par la population, sur laquelle la nouvelle de sa prochaine arrivée avait produit la plus vive et la plus profonde impression.

En entrant dans la ville, l'Empereur demanda à être conduit de suite sur les points où s'étaient produits les plus graves désastres ; et, accompagné de M. le préfet, de M. de Coulaine, ingénieur en chef du département, et des personnes de sa suite, il se dirigea par le quai jusqu'au canal. Là, il se fit expliquer toutes les circonstances qui pouvaient lui permettre d'apprécier le véritable état des choses ; puis, montant dans une barque, il se rendit aux divers endroits qui avaient été le plus particulièrement atteints et descendit à l'extrémité de la rue Royale, où il remonta en voiture pour se rendre, par la rue de l'Archevêché, à la préfecture.

Sa Majesté reçut diverses personnes qui lui furent présentées et avec lesquelles elle s'entretint des événements des derniers jours et des mesures à prendre pour en empêcher le retour. A diverses reprises, l'Empereur manifesta la ferme intention de ne rien négliger pour mettre à jamais la ville à l'abri des calamités qui venaient de la frapper si cruellement, et il donna l'ordre aux ingénieurs de lui présenter, dans le plus bref délai, l'exposé de leurs vues et un projet.

Après son déjeuner, auquel assistaient quelques personnes seulement, Sa Majesté se fit présenter les personnes qui lui étaient signalées comme s'étant le plus particulièrement distinguées, et conféra la croix de la Légion d'honneur à MM. Podevin, procureur impérial, Marchand, ingénieur, et Laurenceau.

L'Empereur quitta ensuite la préfecture et reprit le chemin de Paris, en se dirigeant par la rue Royale et le pont, exprimant le regret que l'absence de toute communication directe et de tout service organisé ne lui permît pas de visiter les autres contrées du bas de la Loire auxquelles, du reste, il envoya par M. de Puységur, des preuves de sa haute munificence.

A son départ comme à son arrivée, le chef de l'État fut salué par les acclamations réitérées de la foule qui se pressait sur son passage. Avant de quitter la ville, Sa Majesté ajouta aux vingt mille francs donnés par le ministre de l'intérieur cinquante mille francs pris sur sa cassette et cent mille francs sur les deux millions votés par le Corps législatif en faveur des victimes des inondations, en promettant que là ne s'arrêteraient pas les secours pour les malheureuses populations de Tours et de ses environs.

Au moment de son passage dans une des principales rues, un habitant de la ville ayant supplié l'Empereur d'ordonner la suppression du canal, Sa Majesté lui répondit avec bienveillance que cette question importante allait être attentivement examinée et étudiée.

Le 7 juin à six heures du soir, Sa Majesté était de retour à Saint-Cloud.

Si nous descendons la Loire, nous trouverons encore de ce côté les mêmes désastres à observer, les mêmes ravages à décrire ; comme à Saumur, comme à Orléans, l'inondation a fait d'Angers un séjour de deuil.

Angers est situé un peu au-dessous du confluent de la Maine et de la Sarthe, et à huit kilomètres environ du confluent de la Maine et de la Loire. La ville est bâtie en amphithéâtre sur le penchant d'un coteau qui s'abaisse vers la rivière, laquelle a en cet endroit la largeur d'un fleuve, et forme un port commode et très-fréquenté. Par les conditions de sa position, cette ville est plus que toute autre exposée à être inondée, car, en admettant qu'elle soit épargnée par une des nombreuses rivières qui arrosent ses vallées, elle a toujours à craindre la crue subite de plusieurs autres.

Depuis quelques jours, on remarquait dans la Maine un mouvement de crue qui allait toujours en augmentant ; enfin, le 5 juin, elle atteignait la hauteur de six mètres, la crue était de cinquante-quatre centimètres depuis la veille, et tous les quartiers de la ville étaient inondés. D'autre part, le même jour, à trois heures du matin, on mandait de Champtocé que la levée de Savonnière était rompue au-dessus de la Jamettrie ; la vallée se remplissait, et une heure plus tard l'eau allait passer sur la route n° 15.

Le lendemain, vers sept heures, l'eau arrivait à la Bohale de deux côtés à la fois. Le courant était si fort et si rapide, que les malheureux habitants n'eurent que bien juste le temps de prendre la fuite vers Angers. Deux jours auparavant, la levée de Gohier, près de Blaison, s'était rompue sur les deux heures de l'après-midi et avait ouvert un passage au torrent qui parcourait les vallées en charriant de grandes quantités de bois. Pendant ce temps, la Maine montait toujours; la Loire, il est vrai, ne refoulait plus, mais la crue du Loir et de la Sarthe avait grossi le courant, qui était très-fort et descendait depuis la veille avec une rare impétuosité. Au même instant, un orage violent, accompagné de grêle, détruisait les récoltes dans une zone heureusement assez restreinte, au point de jonction des communes de Maurannes et de Danmeroy, et sur celles d'Étriche et de Châteauneuf. Enfin la baisse qui plusieurs fois déjà avait paru se faire sentir eut lieu de nouveau le 7, et cette fois parut devoir être définitive. Alors seulement on put se rendre compte de l'étendue des malheurs.

Le débordement de l'Authion, si funeste pour les environs de Saumur, n'avait pas été non plus sans résultats pour ceux d'Angers. Mais où les ravages étaient le plus regrettables, c'était à Trélazé. L'invasion des ardoisières par les eaux n'avait pu être prévenue, malgré tous les efforts des ingénieurs et de la population, secondés par les élèves de l'école d'Angers et par la troupe, qu'on s'était hâtée de diriger sur les lieux à la nouvelle de la crue. La Porée fut comblée la première, puis les eaux gagnèrent l'Ermitage et arrivèrent enfin jusqu'au pied des buttes qui entourent les Grands-Carreaux. Là, en face des obstacles accumulés par la science et le dévouement, elles semblèrent redoubler de rage, s'élevèrent avec une rapidité prodigieuse, et bientôt la foule qui garnissait les autres bords de l'immense ouverture fut saisie d'une horrible admiration à la vue de ce fleuve furieux qui, surmontant la dernière crête des remparts qu'on lui opposait, décrivit une courbe immense et s'engouffra dans l'abîme en broyant en mille parties les quartiers de roc qui dépassaient les parois, et en retentissant comme le plus formidable des tonnerres.

Il suffit de quelques instants pour remplir jusqu'au bord ce gouffre de deux cents pieds, large comme le Champ de Mars et profond comme une cathédrale est haute, pour anéantir cette œuvre merveilleuse, fruit de tant de labeurs et de sollicitude. Au bruit de la chute d'une cataracte telle que n'en a jamais vu même le nouveau monde se mêlaient des sifflements lugubres et comme désespérés. Ils venaient du puits des galeries, dont la porte de communication avec la carrière avait été réduite en poussière au premier contact du fleuve dans sa chute. Lorsque le torrent s'engouffra avec une sorte de joie furieuse dans les galeries, le sol oscilla comme par suite d'un tremblement de terre, et tous les spectateurs, épouvantés, se retirèrent à la hâte, car c'eût été folie que de vouloir braver ces convulsions de la nature et ces éléments déchaînés. On assure qu'il y avait dans la carrière plus de quinze cent mille mètres cubes d'eau, c'est-à-dire une quantité telle qu'il faut au moins trois mois pour l'épuiser.

De son côté la carrière des Petits-Carreaux se remplissait. Une large cataracte, rappelant les torrents des Alpes et des Pyrénées, se précipitait dans son fond, vers l'est. En même temps, des infiltrations se glissaient, au nord et à l'ouest, sous les monceaux de débris ardoisiers. Ce n'était d'abord que de minces filets qui suintaient le long des parois de la carrière. Puis, tout à coup, un ébranlement se faisait sentir, et de vastes portions des parois tombaient au fond de la carrière avec un fracas épouvantable. Les carrières de la Porée, du Buisson, de Monthibert et de l'Ermitage étaient tout à fait couvertes, à tel point qu'on n'en reconnaissait plus la place qu'aux hautes cheminées et au sommet des appareils.

Situées sur un terrain plus élevé, les carrières de la Gravelle, des Fresnaies et de la Paperie s'étaient heureusement trouvées à l'abri du fléau et purent recevoir et occuper une partie des ouvriers privés de travail par le sinistre qui a désolé cette commune naguère si florissante, si animée, et tout à coup plongée dans l'eau, triste et morne. Deux mètres d'eau au moins couvraient partout le sol. L'église était baignée à cette hauteur, et les maisons englouties ne laissaient plus paraître, pour la plupart, que leurs toits à moitié emportés. Pendant toute la journée, des bateaux parcouraient la commune pour opérer le sauvetage du linge et des effets que l'on avait eu le temps de porter dans les greniers.

Enfin, la nouvelle Loire, torrent dévastateur qui s'était jeté furieux sur ces magnifiques ardoisières de Trélazé, sur cette riche et belle vallée de Beaufort, véritable jardin de l'Anjou, parut avoir trouvé une embouchure suffisante pour rentrer dans l'ancienne Loire, au-dessous de Sorge et au-dessus de Sainte-Gemmes. Le beau temps revint, et avec lui ramena la confiance en un avenir prochain de récoltes telles, que les habitants purent concevoir l'espérance de suppléer à la privation de celles qui venaient d'être si malheureusement englouties. Et, disons-le, il fallait bien cela pour consoler un peu cette population d'ouvriers qui se voyait arracher tout à coup son travail, et dont les derniers efforts pour vaincre un ennemi invincible avaient été admirables, héroïques même. Combien ne durent-ils pas avoir le cœur navré en voyant détruits ces Grands-Carreaux, l'orgueil des perroyeurs de l'Anjou, que visitaient avec tant d'intérêt les étrangers! A Angers, lorsqu'on apprit l'immersion de ces chantiers, d'une magnifique exploitation, ce ne fut qu'un cri dans toute la ville, cri d'affliction et de sympathie pour les carrières, dont Angers est, à juste titre, si fier, puisque cette industrie traditionnelle est la plus considérable du pays.

L'Empereur le savait bien; aussi dans sa tournée de bienfaisance n'a-t-il pas oublié Angers et les ardoisières. Quoique rentré à Paris après le voyage d'Orléans, Blois et Tours, dans lequel la difficulté des communications lui avait fait perdre un temps précieux, il est reparti subitement, sur la connaissance et l'étendue des désastres de l'inondation, et dans la pensée de porter des consolations que sa présence avait fait naître partout ailleurs. C'est le lundi, 9 juin, à six heures du soir, que Sa Majesté est arrivée à Angers, sans apparat et accompagnée seulement de M le général de Goyon, de M. le général Fleury et d'un officier d'ordonnance. Au moment où l'Empereur entrait dans la cour de la préfecture, une pauvre femme se jette à ses pieds pour implorer un secours. « Je vous accorde votre demande, dit-il, mais relevez-vous d'abord : on ne s'agenouille que devant Dieu. »

Quelques instants après, l'Empereur montait en voiture et se rendait à la Pyramide, où l'attendait le maire de Trélazé, entouré du conseil municipal. Là encore son passage fut signalé par un touchant épisode de clémence. A la gauche de la compagnie de pompiers se tenait un militaire en congé définitif et dans le costume de grenadier de la garde. L'Empereur le fixe aussitôt, et le brave soldat, la main gauche au front, lui présente de la droite une pétition. C'était la demande de la grâce de son père, ancien compteur aux Grands-Carreaux. Il est accueilli par Sa Majesté avec la bonté la plus encourageante. De retour à la Pyramide, l'Empereur, qui s'était éclairé sur la demande du grenadier, retrouve celui-ci toujours au port d'armes de rigueur. « Mon brave, lui dit-il en s'avançant vers lui, vous êtes trop bon fils pour que je ne vous accorde pas ce que vous m'avez demandé. » On peut juger de l'explosion qui suivit ces paternelles paroles. Une jeune femme, présentée par le maire, remit aussitôt à Sa Majesté un faisceau de pétitions de pauvres familles doublement affligées depuis si peu de temps; et, lorsque l'Empereur partit, ce fut au bruit si doux des bénédictions et des témoignages de reconnaissance de cette immense population.

A son arrivée, l'Empereur répondit gracieusement à une courte allocution du maire; puis, montant au belvédère d'une maison d'où se découvre une vaste étendue de la vallée, il se fit scrupuleusement rendre compte des diverses circonstances de l'inondation, et examina avec beaucoup d'attention et d'intérêt les lieux dont le triste panorama se déroulait sous ses yeux. L'Empereur monta ensuite dans un bateau pavoisé, avec le préfet, l'évêque et le premier président, et bientôt il arriva à la carrière des Grands-Carreaux, où l'attendait la commission des ardoisières avec une foule immense d'ouvriers, de femmes et d'enfants groupés sur les buttes. A son aspect, un cri puissant s'échappa de toutes les poitrines. Les voix de cette population si malheureuse et si résignée bénissaient le souverain dont la présence leur apportait à la fois des consolations et des espérances.

Il est impossible de se faire une idée de la grandeur de cette scène. Sur cette espèce d'îlot, au milieu de l'inondation qui s'étendait au loin, éclairée par les rayons allongés du soleil à son déclin, des milliers d'ouvriers, dont quelques-uns étaient naguère égarés, entouraient l'élu du peuple et accueillaient leur sauveur avec des cris inexprimables et des trépignements d'enthousiasme. L'Empereur paraissait profondément ému et touché de ces témoignages brûlants de reconnaissance et de dévouement. Après avoir visité les terribles effets du fléau, il eût désiré se rendre sur la levée. Mais l'état des eaux rendait le trajet impraticable. Il se vit donc forcé, non sans regret, de renoncer au projet qu'il avait formé. Il remonta en voiture, et de nouveau traversa la ville entre une haie pressée de population qui faisait éclater des transports de joie. Il descendit la rue Baudrière, parcourut les bas quartiers de la ville, et se rendit dans la Doutre par la rue Beaurepaire et la rue Saint-Nicolas. Il voulait consacrer en quelque sorte par son passage le pont de la Basse-Chaîne, se rappelant le douloureux événement qui l'avait, pour la première fois, attiré dans les murs d'Angers. Rentré à la préfecture, qu'on avait, pour cette occasion, brillamment illuminée, l'Empereur prit place à une table de vingt-cinq couverts. Après le dîner, il exposa, avec beaucoup de clarté, ses vues sur les moyens d'éviter, à l'avenir, les inondations. Il avait dans la matinée, en chemin de fer, rappelé, à ce sujet, ses souvenirs de jeunesse et calculé la quantité d'eau que retient le lac de Constance, qui protége ainsi une vallée du Rhône.

Suivant le cours de cette idée, il indiqua l'utilité de réservoirs situés sur les affluents des rivières, et de canaux dérivatifs qui empêcheraient les eaux d'arriver simultanément dans les fleuves. Profitant de la tournure qu'avait prise la conversation, le préfet soumit à Sa Majesté un projet qu'elle approuva en principe. Ce projet, étudié par l'ingénieur en chef, consistait à construire une digue insubmersible qui, partant de la route de la Pyramide et aboutissant à celle de Beaufort, près de Narcé, garantirait à jamais les ardoisières et le bourg de Trélazé de toute inondation. Cette digue coûterait quatre cent cinquante

11.

mille francs, donnerait immédiatement de l'ouvrage aux ouvriers inoccupés des carrières et permettrait d'attendre le terme des travaux d'épuisement. Il s'agirait seulement de s'entendre avec les compagnies ardoisières, qui, guidées par un double intérêt, n'hésiteraient certainement pas à contribuer aux dépenses qu'exigerait cette construction préservatrice. A onze heures, l'Empereur se retira dans ses appartements.

Il comptait retourner le lendemain matin à Paris; mais une dépêche survint qui lui apprit la rupture de la levée de la Divate et le détermina à se rendre à Nantes. A huit heures, il partait, emportant les bénédictions de tous les habitants d'Angers, que sa présence avait ranimés et consolés. Outre de nombreuses et larges libéralités personnelles faites à Trélazé et ailleurs, il avait laissé au préfet, sur sa cassette particulière, cinquante mille francs pour secours aux inondés, et dix mille francs pour ceux de Saumur. De plus, par ordre de Sa Majesté, S. Exc. le ministre de l'intérieur mit aussi à la disposition du préfet une somme de cent mille francs sur le crédit de deux millions.

A la première nouvelle des fatales inondations qu'entraînaient les débordements de la Loire et de ses affluents, les autorités de Nantes, dans le but de protéger la ville contre une crue et des dégâts probables, se hâtèrent de prendre toutes les mesures de précaution que put leur suggérer leur prudence. Sur toute l'étendue des quais on redoubla de vigilance; dans la matinée du 5 juin, on fut obligé d'élever une barrière pour empêcher de passer sur le pont de la Bourse. Un violent orage qui avait éclaté dans la nuit précédente, et qui depuis deux heures du matin s'était prolongé jusqu'à six heures, avait versé sur la ville des torrents de pluie. La quantité d'eau s'était élevée jusqu'à la hauteur de 59 millimètres. Jamais on n'avait vu une telle masse d'eau pluviale en si peu de temps.

L'orage s'était produit par des vents d'est-nord-est qui n'avaient cessé de souffler pendant toute sa durée. Bientôt la Loire, qui toujours allait croissant, gonflée encore par cette pluie subite, passa sur ses berges et se répandit dans les bas quartiers des ponts, les rues Thurot, de la Bourse, Kervégon, de Richebourg et des Olivettes. Le nouveau parapet de la chaussée de la Madeleine, déjà entamé par les précédentes crues, finit par s'écrouler sur toute son étendue. Le chemin de fer dut cesser tout service public, et l'on donna aussitôt avis aux habitants de Trentemoult de déménager. Du côté de Doulon, toutes les campagnes qui avoisinent le littoral de la Loire avaient été complétement envahies par les eaux. Comme toute la sécurité de la ville de Nantes est basée sur la résistance de la levée de la Divate, le 4 juin, au soir, on avait fait partir à pied, pour la consolider, deux détachements du 84e, composés de cent hommes chacun, sous le commandement de deux capitaines, et munis d'outils du chantier de l'Hôtel-Dieu.

Le lendemain, entre trois et quatre heures, deux

autres détachements de même force prirent place sur un bateau à vapeur pour aller relever leurs camarades. Dans le courant de la journée, on apprit que deux arches des ponts de Cé avaient été emportées, et qu'aux environs d'Ancenis une grande partie des habitations étaient sous l'eau; on fut obligé de porter des vivres aux malheureux inondés, qui manquaient de tout. A chaque instant, le pont de Louet menaçait de s'écrouler; cependant il tint bon, et toutes les craintes se reportèrent sur la levée de Saint-Maurille. Du reste, on n'était pas moins inquiet à Varades : l'eau gagnait toujours, et ce qu'il y avait de plus terrible, c'est que les matériaux manquaient pour l'arrêter.

Enfin, la crue augmentant de plus en plus, il se produisit des infiltrations, et les maisons riveraines se virent forcées d'évacuer. Au même moment, un éboulement considérable avait lieu aux digues de Sainte-Luce, et la voie ferrée, coupée au kilomètre 383, entre Varades et Ingrande, vint nécessiter la suspension de tout envoi de train à Ancenis. On en fit cependant partir un pour réparer, s'il en était temps encore, les dégâts occasionnés, et, quelques heures plus tard, on lança un nouveau train express suivi d'un fourgon chargé de pain pour les travailleurs. Tout à coup, on s'aperçoit, dans la gare de Nantes, qu'un tassement de vingt centimètres vient de se produire au kilomètre 408, et l'on apprend en même temps que la ligne est coupée au pont de la Loterie, entre Anetz et Varades, et que la levée vient de se rompre sur le même point, offrant une brèche qui s'agrandit incessamment. Nombre de travailleurs sont obligés de prendre la fuite, et l'on recueille plus tard vingt personnes sur une machine. Tous ces événements se passaient en partie aux alentours de Nantes.

Dans la ville même, outre les quartiers dont nous avons déjà parlé, quelques autres étaient la proie des eaux. Au quai d'Aiguillon, une maison, ruinée dans ses fondements, menaçait à toute minute de s'écrouler. Les habitants durent déménager, et la circulation fut interdite sur le quai. De leur côté, les bateaux quittèrent le lit du fleuve et s'amarrèrent solidement sur les cales couvertes par les eaux. Dans plusieurs établissements importants, aux chantiers de construction et aux usines de la prairie au Duc entre autres, on suspendit immédiatement les travaux. A Trentemoult, à Roche-Maurice et à la Basse-Indre, toutes les maisons situées près du fleuve baignaient dans la Loire.

A Indret, les ateliers de forges furent les premiers envahis; quant aux ateliers de menuiserie, on put les déménager à temps. La chaussée qui conduit à la montagne se trouvant noyée dans l'eau, on rétablit la communication avec la terre au moyen d'appontements de fonte et de bois. Comme on le voit, le spectacle que présentait la ville de Nantes et ses environs n'était pas fait pour consoler de ce qui se passait d'un autre côté. Et cependant les habitants de la ville et de la vallée pouvaient encore s'estimer heureux : la levée de la Divate tenait toujours. Tant que ce grand rempart n'était pas endommagé, les dégâts auxquels ils étaient exposés n'étaient pour eux qu'une épreuve de peu de durée, et ils se consolaient du mal présent en songeant à ce que pourrait avoir de désastreux le débordement complet du fleuve. Aussi jugez de la terreur générale, au moment où la terrible nouvelle circule avec la rapidité d'un boulet de canon : La Divate a manqué, elle est rompue complétement. C'est le 9, entre six et sept heures, qu'eut lieu, au-dessous de la Varennes, le malheureux événement. Hélas ! on s'était cruellement trompé : la levée n'était pas assez forte pour résister. La brèche s'était faite simultanément dans une longueur de 120 mètres, et les eaux, que rien ne retenait plus, s'étaient aussitôt répandues en bouillonnant dans les vallées voisines. La chaussée d'Ambriel pouvait être submergée d'un moment à l'autre; on s'occupa sans relâche de la charger de pierres et de terre pour élever un nouveau remblai. Mais, malgré tous ces travaux, elle ne tarda pas à être dépassée, et il s'y forma deux crevasses, l'une de 12 et l'autre de 33 mètres de longueur.

Aussitôt qu'il avait appris la nouvelle de la rupture de la Divate, nous l'avons dit, l'Empereur, en ce moment à Angers et sur le point de repartir pour Paris, s'était immédiatement mis en route, et le 10, à quatre heures de l'après-midi, il arrivait à Nantes. Le général de division commandant et le préfet s'étaient rendus au-devant de Sa Majesté, à l'entrée de la ville. Là, l'Empereur, qui ressent les douleurs du peuple, et qui s'applique surtout à les consoler et à les guérir, a vu une immense population se précipiter au-devant de lui. On disait Nantes une ville froide et indifférente à toutes choses. On la calomniait. C'est une cité qui comprend tous les bienfaits, et qui, pour être réservée en certaines circonstances, n'en est que plus expansive dans les occasions solennelles. L'Empereur se rendit d'abord à la préfecture et monta dans les appartements qui avaient été préparés pour sa réception. Là, eut lieu immédiatement la présentation des chefs de l'administration ; puis Sa Majesté sortit dans la voiture du préfet, accompagné de M. le général comte de Goyon, de M. le général Guesviller et de M. Henri Chevreau. Il visita les quartiers inondés, les ponts, le quai de la Fosse, la rue de l'Entrepôt, puis revint par la place Graslin, la rue Crébillon, la place Royale, la rue d'Orléans, la Haute et Basse-Grande-Rue, la place Saint-Pierre, la rue Royale et la place de la Préfecture. Sur tout son passage, les acclamations se succédaient pleines d'enthousiasme et de reconnaissance, et il dut se réjouir alors d'être venu apporter à cette ville inondée les consolations qu'elle méritait à si juste titre.

En passant sur les quais de la Fosse, M. le préfet fit remarquer à l'Empereur les chantiers de construction de la prairie au Duc. Sa Majesté, admirant la beauté du port et comprenant toute l'importance des usines et des chantiers qui s'offraient à sa vue, voulut bien promettre à M. le préfet que Nantes serait dotée de la ligne des paquebots transatlantiques des Antilles. Il était sept heures lorsque Sa Majesté rentra à la préfecture. Elle se mit à table; puis, à la fin du dîner, se tint pendant quelque temps à l'une des fenêtres de l'hôtel de la préfecture avec M. H. Chevreau et M. le préfet, s'entretenant des besoins de Nantes. Là, comme pendant la visite en ville et lors de son arrivée, l'Empereur fut salué par les plus vives acclamations. Sur les ponts et sur la place Graslin, les manifestations de la foule étaient telles, que, pour éviter tout accident, on dut ralentir la marche des chevaux. De huit à dix heures, Sa Majesté resta avec les chefs de service et eut un long entretien avec M. l'ingénieur Jégon. Puis M. le préfet lui présenta M. Léon Duval, tout en rendant compte de la belle conduite de cet ingénieur pendant l'inondation et les jours précédents. L'Empereur le décora immédiatement, et M. Léon Duval fut saisi d'une émotion si profonde, qu'il ne put proférer une seule parole ; ce que voyant, M. le préfet s'empressa de dire : « Je puis assurer Votre Majesté que M. Léon Duval était plus brave en face du peuple que devant l'Empereur. »

A dix heures, Sa Majesté se retira dans ses appartements, et le lendemain matin, après avoir entendu les renseignements que lui fournit M. le préfet sur les inondations de la Loire-Inférieure, elle accorda cent mille francs au département sur les fonds de l'État, et ajouta à cette somme vingt mille francs pris sur sa cassette particulière. Enfin, à sept heures du matin, l'Empereur se rendit à sa voiture; M. le préfet et le général de division le conduisirent jusqu'à la sortie de la ville, qu'il quitta, non sans avoir manifesté sa satisfaction de l'accueil qu'il avait reçu, et sans avoir chargé M. le préfet d'être son interprète auprès de la population. Puis Sa Majesté prit la route de Laval, où elle arriva à cinq heures et demie. Toutes les rues étaient pavoisées, et la population, accourue en foule, accueillit Sa Majesté avec les plus vifs témoignages d'affection. L'Empereur repartit à six heures, et le soir, à minuit, il était de retour à Saint-Cloud.

CONCLUSION

En racontant les affreux désastres déterminés par les débordements du Rhône et de la Loire, nous avons laissé parler les faits, nous leur avons accordé la plus grande et la plus large place. C'est qu'en effet nous n'avions que ce moyen de donner au public une puissante idée et des malheurs qui ont affligé la France, et du courage, du dévouement, de l'abnégation dont tous ont fait preuve. Nous avons laissé parler les faits, et c'est avec calme aujourd'hui que nous les envisageons dans toute leur horreur.

Le spectacle constant des dangers, des calamités formidables, permet de voir les choses avec une raison dont la première émotion, suscitée par ces malheurs immenses, n'eût pas permis de prophétiser la venue.

Le chirurgien, à force de plonger le scalpel dans les chairs palpitantes du patient, s'habitue peu à peu à ses cris, à ses lamentations.

Ainsi de nous en présence des misères sans nombre qui ont frappé nos concitoyens.

A Dieu ne plaise qu'on nous accuse d'indifférence ou de froideur ! Mais, nous le répétons, la contemplation soutenue d'excessives douleurs affermit l'âme, rehausse le cœur, et, sans exiler la pitié ou bannir l'amour du prochain, ouvre à la réflexion, à la saine appréciation des faits, le domaine étendu de la raison.

Il est de ces travaux manuels que les forces humaines, réduites à leur seule puissance, ne peuvent accomplir ; il est de ces sensations élevées que la parole écrite est inhabile à rendre. La force comme le sentiment humain ont leurs bornes, bornes qu'on ne peut dépasser et que souvent il est difficile d'atteindre.

Nous sommes resté bien au-dessous de la tâche que nous nous étions imposée ; mais notre excuse est dans l'impossibilité où nous nous trouvions de rendre toutes les impressions qui nous ont saisis, de témoigner de toutes les douleurs dont nous étions atteints.

Les faits que nous avons soigneusement enregistrés, ce sont les archives du dévouement, de l'héroïsme et du courage le plus éprouvé ; nous n'avons pas à les commenter, nous voulons seulement terminer cet opuscule par quelques réflexions qui, sans doute, sont venues déjà à l'esprit de tous.

L'Empereur avait, par sa fermeté, sa politique vigoureuse, forcé l'Europe à reconnaître l'influence française ; il avait porté notre puissance au degré élevé où l'avait placée son oncle.

Comme lui il avait su en quelques jours effacer un triste passé et dix-huit années de faiblesse, et les déchirements intérieurs, les troubles civils s'étaient évanouis devant les actes admirables de son administration. En conquérant pour le pays la place légitime qui lui était due dans le conseil des nations, il n'avait pas négligé le but plus pratique et si important des relations commerciales. Nos échanges s'étaient accrus, notre commerce relevé, et le chiffre des transactions, comme leur importance, avait pris des proportions considérables. L'industrie, vigoureusement appuyée, prenait une large part dans cette amélioration générale des grands intérêts du pays. Jamais à aucune époque elle n'avait été plus prospère, et son action vivifiante s'était étendue sur toutes les branches de la production.

L'Empereur, en sachant se concilier les sympathies de l'Europe, préparait au pays une ère nouvelle de grandeur et de puissance.

Les États nos alliés avaient enfin reconnu et la supériorité de ses conseils et la sagesse de sa politique.

La marche vigoureuse imprimée aux opérations stratégiques; l'impulsion puissante qu'il avait su donner aux chefs de l'armée; sa rare intelligence des choses de la guerre; son coup d'œil sûr; la promptitude de ses décisions, tout cela avait créé naturellement à notre profit une incontestable supériorité, dont l'Europe acceptait enfin l'ascendant.

Le peuple qui nous avait été le plus opposé était lié avec nous par une de ces unions puissantes qu'une même gloire avait cimentée, que l'accord des deux souverains rendait si éclatante. Et l'Angleterre, dans ce moment même, fait bien voir, à l'occasion des inondations funestes qui sont venues dévaster nos provinces, combien elle a de sympathies pour la France. La souscription ouverte à Londres pour venir au secours des inondés prend les proportions d'une manifestation nationale; et le généreux concours que nous prêtent nos voisins d'outre-Manche, depuis la reine et les hautes sommités de l'aristocratie, de la finance et du commerce, jusqu'à l'artisan le plus humble, viennent apposer au traité moral et politique conclu entre les deux nations un sceau indélébile, et montrer à quel haut degré de sympathie et d'estime mutuelles sont parvenus les deux peuples.

Seuls, les vieux partis tentaient encore de vains efforts pour rassembler leurs tronçons épars. Efforts inutiles comme la suite l'a prouvé; toutefois ces incitations sourdes, ces ténébreuses menées, jetaient dans la foule un malaise qui n'allait point jusqu'au doute, mais qui pouvait empêcher les affections nouvelles, les dévouements d'hier, d'être mieux affermis dans leur foi.

Eh bien, cette pierre d'achoppement, cet atome ténu qui pouvait peut-être servir d'appui aux mauvaises passions, est dès à présent anéanti !

L'Empereur, et il semble que la Providence ait dirigé ses pas, a été au-devant de ceux-là mêmes qui avaient le plus ouvertement méconnu son autorité, le principe d'ordre qu'il représente, en même temps que la volonté si hautement manifestée par l'immense majorité de la nation; il s'est présenté dans ce grand appareil si rarement revêtu par le souverain; il est venu non point comme le chef d'un grand État, mais comme le père de la nation. Il avait effacé de son cœur le souvenir des offenses, et il n'y avait sur ses lèvres que des paroles de commisération, d'encouragement, dans ses mains que des bienfaits, dans son âme que pitié et qu'amour.

Aussi, on peut le dire, l'Empereur a fait à nos yeux une conquête mille fois plus précieuse que celles qui résultent du choc des armées. Il a conquis des cœurs que de perfides conseils, que des convictions fâcheuses tenaient éloignés de lui. Dans le grand désastre que vient d'éprouver si cruellement la France, il existe comme une marque tracée par la volonté divine, comme un jalon placé par la Providence, qui semble convier tous les enfants du sol à une communion générale et sincère.

Les débris des anciens partis que la vérité éclatante n'avait pu vaincre, que la logique puissante des faits accomplis n'avait pu convertir, sont aujourd'hui réunis à la fortune de celui qu'ils considéraient comme l'ennemi de la chose publique. Ce que l'intérêt bien entendu du pays exigeait d'eux, ce que les voix éloquentes de la raison, de la justice, du progrès constant et réel, n'avaient pu faire, un homme l'a accompli.

Au lieu de s'adresser à l'action décisive, mais lente, de la raison, au lieu d'appeler à son aide les résultats, éclatants déjà, de son œuvre nouvelle, au lieu de faire plaider pour lui les fruits déjà mûris de ses grands labeurs, Napoléon III a mieux fait :

Il s'est adressé aux sentiments généreux de la nation ; il a fait vibrer les cordes du dévouement et du courage ; il a compris qu'aux cœurs simples il fallait de grands actes ; qu'aux natures vives les grands mouvements étaient sympathiques ; qu'aux âmes ardentes il fallait montrer de bouillantes ardeurs.

Il a fait cela ;

Et désormais le peuple est pour lui,

Et désormais ce ne seront plus seulement les majorités qui l'acclameront.

Mais de toutes les poitrines, de toutes les bouches, sortira ce cri, brûlant d'enthousiasme et d'affection, qui vient de retentir avec tant d'unité sur les bords de la Loire et du Rhône, comme le 14 juin, des Tuileries à Notre-Dame : Vive l'Empereur !

FIN.

TABLE DES CHAPITRES

EXTRAIT DU CATALOGUE

DE LA LIBRAIRIE

GARNIER FRÈRES

6, rue des Saints-Pères, et Palais-Royal, 215 bis.

DICTIONNAIRE NATIONAL

OUVRAGE ENTIÈREMENT TERMINÉ.

Monument élevé à la gloire de la Langue et des Lettres françaises.

Ce grand Dictionnaire classique de la Langue française contient, pour la première fois, outre les mots mis en circulation par la presse, et qui sont devenus une des propriétés de la parole, les noms de tous les Peuples anciens, modernes ; de tous les Souverains de chaque Etat ; des Institutions politiques ; des Assemblées délibérantes ; des Ordres monastiques, militaires ; des Sectes religieuses, politiques, philosophiques ; des grands Evénements historiques : Guerres, Batailles, Siéges, Journées mémorables, Conspirations, Traités de paix, Conciles ; des Titres, Dignités, Fonctions ; des Hommes ou Femmes célèbres en tout genre ; des Personnages historiques de tous les pays et de tous les temps : Saints, Martyrs, Savants, Artistes, Ecrivains ; des Divinités, Héros et Personnages fabuleux de tous les Peuples ; des Religions et Cultes divers ; Fêtes, Jeux, Cérémonies publiques, Mystères, Livres sacrés ; enfin la Nomenclature de tous les Chefs-lieux, Arrondissements, Cantons, Villes, Fleuves, Rivières, Montagnes et Curiosités naturelles de la France et de l'Etranger ; avec les Etymologies grecques, latines, arabes, celtiques, germaniques, etc., etc.

Cet ouvrage classique est rédigé sur un plan entièrement neuf, plus exact et plus complet que tous les dictionnaires qui existent, et dans lequel toutes les définitions, toutes les acceptions des mots et les nuances infinies qu'ils ont reçues du bon goût et de l'usage sont justifiées par plus de quinze cent mille exemples choisis, fidèlement extraits de tous les écrivains, moralistes et poëtes, philosophes et historiens, politiques et savants, conteurs et romanciers, dont l'autorité est généralement reconnue; par M. BESCHERELLE AÎNÉ, principal auteur de la *Grammaire nationale*. Deux magnifiques volumes in-4° de 3,400 pages, à 4 colonnes, lettres ornées, etc., imprimés en caractères neufs et très-lisibles, sur papier grand raisin, glacé et satiné, contenant la matière de plus de 300 volumes in-8. — Prix : 50 fr.; demi-rel. chag., 60 fr.

GRAMMAIRE NATIONALE

Ou Grammaire de Voltaire, de Racine, de Bossuet, de Fénelon, de J.-J. Rousseau, de Bernardin de Saint-Pierre, de Chateaubriand, de Casimir Delavigne, et de tous les écrivains les plus distingués de la France; par MM. BESCHERELLE FRÈRES et LITAIS DE GAUX. 1 fort vol. grand in-8, 12 fr.; net 8 fr.

Complément indispensable du *Dictionnaire national*.

DICTIONNAIRE USUEL DE TOUS LES VERBES FRANÇAIS

Tant réguliers qu'irréguliers, entièrement conjugués, par BESCHERELLE FRÈRES. 2 vol. in-8 à 2 col., 15 fr.; net, 10 fr.

Ce livre est indispensable à tous les écrivains et à toutes les personnes qui s'occupent de la langue française, car le verbe est le mot qui, dans le discours, joue le plus grand rôle; il entre dans toutes les propositions, pour être le lien de nos pensées et y répandre la clarté et la vie; aussi les Latins lui avaient donné le nom de *verbum* pour exprimer qu'il est le mot nécessaire, le mot par excellence. Mais ce verbe doit être rangé dans la classe des parties du discours que les grammairiens appellent *variables*. Aucune, en effet, n'a subi des modifications aussi nombreuses et aussi variées. La conjugaison des verbes est sans contredit ce qu'il y a de plus difficile dans notre langue, puisqu'on y compte plus de trois cents verbes irréguliers. A l'aide de ce dictionnaire, tous les doutes sont levés, toutes les difficultés vaincues.

LE VÉRITABLE MANUEL DES CONJUGAISONS

Ou Dictionnaire des 8,000 verbes, par BESCHERELLE FRÈRES. Troisième édition. 1 vol. in-18, 3 fr. 75 c.

L'ORTHOGRAPHE D'USAGE

Enseignée en 60 leçons, au bout desquelles tout élève peut savoir cette orthographe d'une manière parfaite, par BESCHERELLE JEUNE. 2 vol. et 1 tableau, 3 fr. 75 c.

DICTIONNAIRE D'HIPPIATRIQUE ET D'ÉQUITATION

Ouvrage où se trouvent réunies toutes les connaissances équestres et hippiques, par F CARDINI, lieutenant-colonel en retraite. 2 vol. grand in-8, ornés de 70 figures. 2e édition, corrigée et considérablement augmentée, 20 fr.; net 15 fr.

LES ARMES ET LE DUEL

Par GRISIER, professeur à l'École polytechnique, au collége Henri IV et au Conservatoire de musique. Ouvrage agréé par Sa Majesté l'empereur de Russie; précédé d'une Préface par A. Dumas; Notice sur l'auteur, par Roger de Beauvoir; Epître en vers, de Méry, etc.; Dessins par E. de Beaumont. Deuxième édition, revue par l'auteur. 1 vol. grand in-8, 10 fr.

Nous ne craignons pas de dire que cet ouvrage est le *traité d'escrime* LE PLUS COMPLET qui ait encore paru. La réputation européenne de l'auteur nous autorise à ajouter que c'est très-certainement LE MEILLEUR.

DICTIONNAIRE DE LA CONVERSATION ET DE LA LECTURE

52 vol. grand in-8 de 500 pages à 2 col., contenant la matière de plus de 300 vol. Prix : 208 fr.

Œuvre éminemment littéraire et scientifique, produit de l'association de toutes les illustrations de l'époque, sans acception de partis ou d'opinions, le *Dictionnaire de la Conversation* a depuis longtemps sa place marquée dans la bibliothèque de tout homme de goût, qui aime à retrouver formulées en préceptes généraux ses idées déjà arrêtées sur l'histoire, les arts et les sciences.

SUPPLÉMENT AU

DICTIONNAIRE DE LA CONVERSATION ET DE LA LECTURE

Rédigé par tous les écrivains et savants dont les noms figurent dans cet ouvrage, et publié sous la direction du même rédacteur en chef. 16 vol. gr. in-8 de 500 pages, conformes aux 52 vol. publiés de 1832 à 1839.

Le *Supplément,* aujourd'hui TERMINÉ, se compose de *seize volumes* formant les tomes 53 à 68 de cette encyclopédie si populaire. Il contient la mention de tous les progrès faits par les sciences depuis la terminaison de l'ouvrage principal (1839) jusqu'à l'époque actuelle, et le résumé de l'Histoire politique des différents Etats jusqu'en 1852. Les grands et providentiels événements qui sont venus changer la face de l'Europe, en 1848, y sont racontés, de même qu'on y trouve des renseignements précis sur la plupart des hommes nouveaux que ces événements ont fait surgir dans la politique.

Il n'y a pas d'exagération dès lors à dire que de toutes les Encyclopédies le *Dictionnaire de la Conversation* est la plus complète et la plus *actuelle.*

Le *Supplément* a réparé toutes les erreurs, toutes les omissions qui avaient échappé dans le travail si rapide de la rédaction des 52 premiers volumes. Tous les *renvois* que le lecteur cherchait vainement dans l'ouvrage principal se trouvent traités dans le *Supplément,* de même que quelques articles jugés insuffisants ont été refaits.

Qui ne sait l'immense succès du *Dictionnaire de la Conversation?* Plus de 19.000 exemplaires des tomes 1 à 52 ont été vendus; mais, aujourd'hui, les seuls exemplaires qui conservent toute *leur valeur primitive* sont ceux qui possèdent le *Supplément*, en d'autres termes, les tomes 53 à 68.

Comme les seize volumes supplémentaires n'ont été tirés qu'à 5,000, ils ne tarderont pas à être épuisés; les retardataires n'auront donc qu'à s'en prendre à eux-mêmes de la dépréciation énorme de l'exemplaire qu'ils auront négligé de compléter.

Nous nous bornerons à prévenir itérativement les possesseurs des tomes 1 à 52 qu'avant très-peu de temps il nous sera impossible de compléter leurs exemplaires et de leur fournir les tomes 53 à 68, car ils s'épuisent plus rapidement encore que nous ne l'avions pensé, et d'ailleurs, nous le répétons, ils ont été tirés en bien moindre nombre que les premiers volumes.

Prix des seize volumes du *Supplément* (tomes 53 à 68), 80 fr.; le volume, 5 fr. la livraison 2 fr. 50 c.

COURS COMPLET D'AGRICULTURE

Ou nouveau Dictionnaire d'agriculture théorique et pratique, d'économie rurale et de médecine vétérinaire, sur le plan de l'ancien Dictionnaire de l'abbé Rozier,

Par M. le baron de MOORGUES, ex-pair de France, membre de l'Institut, de la Société nationale et centrale d'agriculture;

M. MIRBEL, de l'Académie des sciences, professeur de culture au Jardin des Plantes, etc.

M. le vicomte HERICART DE THURY, président de la Société nationale d'agriculture;

Par M. J. ANTOINE, professeur d'agriculture à Roville;

M. PAYEN, de la Société nationale d'agriculture, professeur de chimie industrielle et agricole;

M. BARTHELEMY aîné, ex-professeur à l'école nat. vétérinaire d'Alfort;

M. GROGNIER, professeur à l'école nationale vétérinaire de Lyon, etc.

M. MATHIEU DE DOMBASLE.

Ce Cours a eu pour base le travail composé par les membres de l'ancienne section d'agriculture de l'Institut : MM. de Sismondi, Bosc, Thouin, Chaptal, Tessier, Desfontaines, de Candolle, François de Neuchâteau, Parmentier, Larochefoucauld, Thaer, Morel de Vindé, Sylvestre, Huzard père et fils, Sonnini, Loiseleur-Delongchamps, Michaux, Appert, l'auteur du *Conservateur*, Young, Viborg, Duperthuis, Vilmorin, de Villeneuve, Brongniart, Lenoir, Noisette, Poiteau, etc., etc. Quatrième édition, revue et corrigée. Broché en 20 volumes grand in-8 à deux colonnes, avec environ 4,000 sujets gravés, relatifs à la grande et à la petite culture, à l'économie rurale et domestique, à la description des plantes usuelles de la France, etc. Complet : 112 fr. 50 c.

Chaque volume est orné du portrait d'un des hommes les plus notables des sciences agricoles. Le *supplément* compte des textes tout récents du plus grand intérêt; on lit sur la liste de ses auteurs ou de ses sources les noms de MM. Chevreuil, Gaudichaud, Boucherie, Paul Gaubert, Polonceau, Fuster, Morin, Robinet, Vilmorin, Gannal, etc.

OUVRAGES ILLUSTRÉS, GRAVURES SUR ACIER ET SUR BOIS.

GÉOGRAPHIE UNIVERSELLE

PAR MALTE-BRUN.

Description de toutes les parties du monde sur un nouveau plan, d'après les grandes divisions du globe; précédée de l'Histoire de la Géographie chez les peuples anciens et modernes, et d'une Théorie générale de la Géographie mathématique, physique et politique. Sixième édition, revue, corrigée et augmentée, mise dans un nouvel ordre et enrichie de toutes les nouvelles découvertes, par J.-J.-N. Huot. 6 beaux vol. grand in-8, enrichis de 64 gravures sur acier, 60 fr., demi-reliure chagrin, 81 fr.

Avec UN SUPERBE ATLAS entièrement établi à neuf, 1 vol. in-folio, composé de 72 magnifiques cartes coloriées, dont 14 doubles, 80 fr.

On se plaignait généralement de la sécheresse de la géographie, lorsque, après quinze années de lectures et d'études, Malte-Brun conçut la pensée de renfermer dans une suite de discours historiques l'ensemble de la géographie ancienne et moderne, de manière à laisser, dans l'esprit d'un lecteur attentif, l'image vivante de la terre entière, avec toutes ses contrées diverses, et avec les lieux mémorables qu'elles renferment et les peuples qui les ont habitées ou qui les habitent encore.

PARIS. — TYP. SIMON RAÇON ET COMP., RUE D'ERFURTH, 1.